세일즈의 명중력을 높이는

방아쇠 법칙
TRIGGERS

Triggers

Copyright © 2000 by Joseph Sugarman
No part of this book may be used or reproduced in any manner
Whatever without written permission except in the case of brief quotations
embodied in critical articles or reviews.

Korean translation copyright © 2006 by BooksNUT Publishing Co.
Korean edition is published by arrangement with DelStar Books
through BOOKSCOSMOS, Seoul.

이 책의 한국어판 저작권은 북코스모스 에이전시를 통한
DelStar Books와의 독점계약으로 북스넛이 소유합니다.
저작권법에 의하여 보호받는 저작물이므로 무단전재와 복제를 금합니다.

• 이 책의 내용 중 일부나 전부를 어떠한 형태로든 인용할 경우, 반드시 출판사와 저자의
　서면동의를 얻어야 합니다. 서면동의 없이 인용한 내용은 저작권법에 저촉됨을 알려드립니다.

세일즈의 명중력을 높이는

방아쇠
TRIGGERS
법칙

| 조셉 슈거맨 지음 · 송기동 옮김 |

북스넛

옮긴이 송기동

한양대학교 영어영문학과를 졸업하고, 〈시사영어연구〉 편집장 및 〈데이트라인〉 편집장을 지냈다. 한국판 〈내셔널지오그래픽〉의 부편집장을 지냈으며, 현재는 전문번역가로 활동하고 있다. 옮긴 책으로는 〈스위스 은행가가 가르쳐주는 돈의 원리〉 등이 있다.

방아쇠 법칙

1판 1쇄 발행 | 2006년 9월 20일
2판 2쇄 발행 | 2022년 11월 10일

지은이 | 조셉 슈거맨
옮긴이 | 송기동
발행인 | 이현숙
발행처 | 북스넛
등 록 | 제410-2016-000065호
주 소 | 경기도 고양시 일산동구 호수로 662 삼성라끄빌 442호
전 화 | 02-325-2505
팩 스 | 02-325-2506
이메일 | booksnut2505@naver.com

ISBN 978-89-91186-30-3 03320

인생에는 두 가지 선택의 길이 있다.
하나는 흐름에 휘말려 사라져버리는 것이고,
다른 하나는 걸출한 인물이 되는 것이다.
걸출한 인생을 살기 위해서는 남과 다른 무엇이 필요하다.
당신 외에는 아무도 할 수 없는 그 무엇을 이루어내야 한다.

— 앨런 애쉴리 피트 Alan Ashley-Pitt

▋추천의 글

언젠가 한 번은 읽어야 할
세일즈 책!

　나는 꽤 오래전부터 조셉 슈거맨에 대해 알고 있었다. 하지만 그를 개인적으로 만난 것은 나의 책 〈정상 정복의 길 Mastering Your Way to the Top〉에서 그의 사례를 소개하기 위해 인터뷰를 했던 4년 전이었다. 내가 그를 세일즈와 마케팅의 대가라고 칭하는 것은 결코 과장이 아니다.
　항상 흥미로운 통찰을 보여주면서 독특한 시각을 갖고 있는 조셉은 세일즈 분야에서 가장 열정적인 실천가로 인정받고 있다.
　우리 두 사람은 슈퍼 세일즈맨이다. 조셉은 주로 신문이나 인터넷, 혹은 텔레비전과 같은 미디어를 통해 일반 대중과 수백만 소비자들을 상대한다. 나의 경우는 소비자 개개인을 직접 상대하며 판매 활동을 벌인다.

이런 차이에도 불구하고 그와 나는 서로 공통점을 갖고 있다. 우리 둘 다 판매 활동에서 심리적 요소들이 매우 중요하다는 사실을 잘 알고 있다는 것이다.

이 책에는 성공한 세일즈맨인 슈거맨이 수십 년 동안 터득해왔고, 판매에 활용해 온 심리 법칙들이 제시되어 있다. 책에 나와 있는 '심리적 방아쇠'라 부르는 30가지의 강력한 세일즈 기술들은 판매율을 그야말로 기적적으로 높일 수 있는 것들이다. 슈거맨이 가르쳐주는 내용은 그 자신이 수백만 달러를 투자해 얻은 경험과 지식들이며, 독창적인 실험을 통해 얻은 결과들이다. 그는 이러한 지식들을 다듬어서 세일즈에 적용시켰고, 마침내 어디에서도 찾아보기 힘든 내용의 책을 완성시켰다.

여기에 제시된 30가지의 방아쇠들을 습득하면, 지금보다 서너 배 이상의 판매고를 올릴 수 있을 것으로 나는 확신한다. 결코 과장 섞인 말이 아니다. 그의 기법들 중 일부는 오랫동안 나도 의식하지 못한 채 직감적으로 이용해 온 것들이다. 그리고 또 다른 일부는 내게도 생소한 기법들인데, 나는 이 책을 통해 고객의 구매 결정에 작용하는 새로운 심리적 방아쇠들에 눈뜨게 되었다.

그리고 이 책의 첫머리부터 나를 사로잡고 마지막 페이지까지 눈을 떼지 못하게 만들었던 것이 있다. 바로 슈거맨의 기발한 유머 감각과 뛰어난 글재주였다. 그야말로 웬만한 문장가 뺨

칠 정도로 솜씨 있게 풀어낸 이야기와 에피소드는 너무나도 흥미진진하고 교훈적이어서 책을 덮은 후에도 오랫동안 머릿속에 남는다.

〈방아쇠 법칙〉은 모든 마케터와 세일즈맨이 항상 지니고 다녀야 할 책이며, 세일즈 전쟁에 나서기 전에 반드시 참고해야 할 책이다. 굳이 마케팅이나 세일즈에 종사하지 않더라도 사람의 심리를 헤아리며 재미있게 읽을 수 있는 설득에 관한 책이기도 하다. 이 책을 처음 접하는 독자라면 목차 부분을 한 번 훑어보기 바란다. 여기에는 책에서 배우게 될 심리 기법과 유머와 재미가 함축적으로 표현된 제목들이 나열되어 있다. 이러한 30개의 제목들이 가르쳐주는 요소들은 책의 본론에 매우 충실하게 담겨 있다.

— 조 지라드 Joe Girard

/ 프롤로그

최고의 세일즈 무기 – 심리적 방아쇠

 노련한 마케팅 전문가나 세일즈맨조차도 고객이 빨리 구매를 결정하도록 동기를 부여하거나, 영감을 불어넣고 설득하는 심리적 기법에 대해서는 잘 모르고 있다. 나는 이것을 세일즈의 파워를 높이는 방아쇠라고 부르는데, 이러한 심리적 방아쇠에 관한 지식은 고객을 확보하는 쟁탈전에서 매우 강력한 무기가 될 수 있다. 내가 방아쇠라는 말을 쓰는 이유는 구매 여부를 놓고 망설이는 고객에게 마치 방아쇠가 당겨지듯이 심리적으로 결정적인 단서가 주어지면 아주 빨리, 그것도 기분 좋게 구매를 결정하기 때문이다.
 많은 심리적 방아쇠들은 상당히 미묘해서 때로는 예상과 정반

대로 작용하는 것들도 있고, 마케터가 평소에 이용하면서도 의식하지 못하는 것들이 있다. 이런 분야를 다룬 책들은 그리 많지 않은데, 그럴 만한 충분한 이유가 있는 것 같다. 내가 아는 마케터 중에는 광고(인터넷, 신문, 잡지, 텔레비전, 라디오 등)를 이용한 판매 방식과 사람을 직접 만나 판매하는 대면판매 사이의 특별한 연관성을 아는 사람이 아무도 없다. 하지만 어떤 판매 방식을 사용하든 이해와 습득이 쉽고 실제로 적용해 보면 효과가 강력한 기술들이 분명히 존재한다.

나는 수십년 간 제품이나 서비스를 판매해 온 경험을 통해, 판매에 가속도가 붙는 이러한 세일즈의 방아쇠들을 발견해 냈다. 나는 30년 동안 광고와 홍보, 세일즈, 마케팅을 전문적으로 수행해 왔으며, JS&A의 CEO로서 내가 구상한 방식을 직접 실험해 볼 수 있었다. 그런 경험을 통해 나는 어떤 마케팅 전략이 효과가 있고 어떤 것이 효과가 없는지 알게 되었으며, 그 이유에 대해서도 깨닫게 되었다. 그러면서 놀란 적이 한두 번이 아니었다.

때로는 한 가지 방아쇠를 실험해 보기 위해 1,000단어 정도 되는 광고 문구의 마지막 몇 마디를 바꾸자 고객의 반응이 두 배로 증가한 적도 있었다. 단 몇 마디의 문구 변경으로 판매 효과를 배가시킨다고 상상해 보라! 그리고 나는 30가지의 방아쇠를 개발했다. 나는 이 지식이 굉장히 귀중하고 세일즈와 마케팅 종사자들에게 큰 도움이 될 수 있다는 생각이 들었기 때문에, 이것을 그들과 공유하기로 결정했다.

어느 날, 성공가도를 달리는 한 세일즈맨이 나를 찾아와 이렇게 말했다.

"조, 나도 꽤 유능하다고 인정받는 세일즈맨인데요. 어떤 제품이든 고객만 있다면 파는 데는 문제없다고 자신하거든요. 하지만 당신이 하는 일은 정말 나를 놀라게 합니다. 당신은 말의 힘으로 세일즈 능력을 엄청나게 강화시켜 수백만 명에게 팔고 있으니까요."

당신은 결정적인 한 마디의 말로 판매를 두 배 이상으로 증가시킬 수 있는가? 너무 비싸다고 여겨지는 제품을 비싼 값을 치를 만한 충분한 가치를 느끼게 하며 싼 것처럼 보이게 만들 수 있는가? 이런 질문들에 대한 나의 대답은 의심 한 점 없이 "그렇다"이다. 나는 30여 년간의 많은 세미나를 통해, 그리고 내가 쓴 여러 권의 책에서 이런 사실들을 입증했다.

나는 심리적 방아쇠가 수많은 사람들에게 도움을 줄 수 있는 강력한 개념이라고 생각한다. 그 이유는 누구나 자신이 인식하든 인식하지 못하든 일상생활에서 항상 무언가를 판매하고 있기 때문이다. 어릴 때 우리는 부모님에게 맛있는 음식을 달라고 요구하기도 하고 놀이공원에 가자고 조르기도 했으며 흥미로운 장난감을 사달라고 보채기도 했다. 성장해서는 좋은 직장을 얻고, 제품과 서비스를 팔거나 자신의 욕망을 타인들과 관련짓는 데 판매 기법을 이용하고 있다.

　나의 경우는 이런 설득력을 높이는 심리적 방아쇠를 알고 있는 것만으로도 광고를 만드는 데 유익했을 뿐 아니라, 세일즈에도 큰 도움이 되었다. 나는 초기에 6년 동안 홈쇼핑 잡지를 통해 제품을 판매한 적이 있다. 그 후 7년 간 텔레비전 채널 QVC를 통해 수백만 달러어치씩 제품을 판매한 적도 있는데, 어떤 때는 단 하루 만에 그 정도의 매상을 올렸다. 그때는 카피라이터 시절에 내가 배웠던 수많은 판매 기법들을 많이 이용하였다.

　이 책에서 나는 각각의 심리적 방아쇠를 소개하면서 현장에서 직접 경험했던 방아쇠의 힘에 대해 설명할 것이다. 그리고 고객과 직접 마주하고 판매하는 대면판매에서 그 기법을 이용하는 방법을 제시할 것이다. 풍부한 사례와 에피소드를 곁들여 무엇이 효과가 있고 왜 그것이 효과가 있는지, 그리고 언제 그것을 이용해야 하는지에 대해 다양한 아이디어를 제공할 것이다.

　각 장의 끝에는 해당 방아쇠의 명칭을 밝혀놓았다. 그리고 그것들을 실행에 옮기는 데 필요한 실천 지침을 요약해 놓았다.

　여러분이 이 책을 독파한 후 세일즈나 마케팅의 성과를 증진시키고 심지어 인생에도 어떤 변화를 가져올 수 있는 개념이나 기법을 터득했다면, 이 책은 그만한 가치가 있다고 평가받을 것이다. 그렇지만 나는 여러분이 이 책을 통해 그 이상으로 많은 것을 얻을 수 있고, 여러분 스스로가 그 점을 깨닫게 될 것이라고 자신한다.

이 책에서 나는 내가 이용한 판매 방식을 다이렉트 마케팅이라고 언급했다. 이것은 고객이 제품의 실물을 만져보지 않고 직접 주문을 하는 방식이다. 고객이 인터넷이나 신문, 잡지, 텔레비전 등을 보고 구입하는 물건은 모두 다이렉트 마케팅의 대상이다.

한편 소매는 다이렉트 마케팅과 다른 방식으로, 고객이 제품을 보고 나서 물건 값을 지불하는 방식이다. 제품이 전시되는 장소는 가게나 쇼윈도처럼 마케팅 과정의 중간 단계에 해당한다. 내가 이 책에서 다루는 마케팅과 세일즈에 관한 기법들은 다이렉트 마케팅과 소매 방식의 세일즈 모두에 해당하는 것들이다.

그리고 나는 소비자들이 편안하게 느끼고 익숙하게 받아들이는 세일즈 프리젠테이션 방식을 가르쳐 줄 것이다.

고객이 물건을 구매하는 이유의 95퍼센트가 잠재의식적인 결정과 관련이 있는 것으로 알려져 있다. 이 책의 목적은 구매를 유도하는 마케팅과 세일즈 과정에서 어떤 일이 일어나고, 고객이 다양한 판매 제안에 어떤 식으로 반응하는지 알려주는 데 있다. 여러분 스스로가 이런 지식이 매우 유익하다는 사실을 본문을 읽으며 곧 깨닫게 될 것이다.

— 저자 조셉 슈거맨

CONTENTS

추천의 글 | 언젠가 한 번은 읽어야 할 세일즈 책! 6
프롤로그 | 최고의 세일즈 무기 – 심리적 방아쇠 9

01_아이스크림을 주문하는 순서 17
02_이웃의 돌연사 26
03_캠퍼스 우정과 매춘부 34
04_더러운 옷을 빨랫줄에 널기 40
05_개똥을 약으로 만드는 법 45
06_어느 텔레비전 세일즈맨의 비밀 56
07_돈이 아니면 목숨을 달라 65
08_하와이 사람들의 대화법 70
09_목욕탕에서 발휘된 권위 76
10_우리 사장님은 폭스바겐을 탄다 85
11_행복한 결혼생활을 위한 고릴라 생존 전략 93
12_논리 속에 숨어 있는 악마 104
13_부자를 사로잡는 마지막 유혹 110
14_왕초보를 위한 뇌수술법 118

15_ 극단적인 열정의 기술 128

16_ 대중의 환상과 마케팅 아이디어 135

17_ 전국 은둔자 협의회 146

18_ 비행기 꼬리날개를 수집하기 쉬운 이유 154

19_ 불이야! 도와줘요 161

20_ 잊을 수 없는 스노모빌의 교훈 173

21_ 바보처럼 단순한 것이 통한다 180

22_ 정당한 뇌물로 환심 사기 189

23_ 좁쌀영감 전략 195

24_ 군대에서 꾸민 풍선껌 음모 199

25_ 고객과 진한 사랑나누기 207

26_ 대박 터뜨리기 216

27_ 노골적인 세 번째 유혹 221

28_ 스플리쉬 스플래쉬, 난 목욕을 한다네 234

29_ 쾌락 호르몬의 분비 242

30_ 판매의 가장 강력한 힘 248

에필로그 | 이제 당신은 모든 도구를 가졌다 252

아이스크림을 주문하는 순서

　인간의 심리는 너무도 흥미롭다. 그래서 사람의 반응을 관찰하면 매우 중요한 사실을 깨달을 수 있다. 내가 아이스크림을 주문하면서 실제로 경험한 이야기가 바로 그런 경우에 해당한다. 나는 아이스크림 가게의 종업원과 대화를 나누면서 사람의 마음을 움직이는 중요한 심리적 결정요인에 대해 알게 되었는데, 당시에는 내가 그것을 배우고 있다는 사실조차 인식하지 못했다.
　한때 나는 뉴욕에서 인쇄 장비를 판매하는 일에 종사했다. 어느 날 저녁식사 후, 나는 디저트로 아이스크림을 먹기 위해 작은 아이스크림 가게에 들어갔다. 내가 자리에 앉자 여종업원이 다가와 무엇을 주문하겠느냐고 물었다. 나는 가장 좋아하는 디저트를 주문했다.

"휘핑크림을 얹은 초콜릿 아이스크림 주세요."

그러자 그녀는 당황한 듯한 눈빛으로 나를 바라보며 이렇게 물었다.

"초콜릿 선디sundae 말씀이시죠?"

"아뇨, 휘핑크림을 얹은 초콜릿 아이스크림이요."

나는 다시 이렇게 말했다.

"바로 그게 시럽을 뿌리지 않은 초콜릿 선디잖아요?"

그녀가 재차 확인했다.

"저는 그냥 휘핑크림을 얹은 초콜릿 아이스크림을 달라는 건데요? 무슨 차이가 있죠?"

내가 물었다.

"있잖아요, 선디는 3달러이구요, 보통 아이스크림은 2달러거든요. 손님이 원하시는 건 시럽을 뿌리지 않는 선디라구요."

그녀는 새치름한 표정을 지으며 말했다.

"좋아요. 내가 원하는 건 휘핑크림을 얹은 초콜릿 아이스크림인데, 1달러 더 받으시려면 그렇게 하세요."

나의 대답은 이랬다.

난 아이스크림을 맛있게 먹었다. 초콜릿 아이스크림은 내가 대학 시절에 가장 좋아하는 디저트였다. 당시 나는 대학 2년을 마친 후 1년 간 휴학을 하고 뉴욕에서 일을 하려던 참이었다. 나는 뉴욕 사람들은 표현 방식이 좀 다르다는 얘기를 들었던 터라, 그런 대화에 그리 놀라지는 않았다.

며칠 후, 나는 웨스트사이드로 저녁을 먹으러 갔다. 식사를 마치자 여종업원이 내게 디저트에 대해 물었다. 나는 역시 '휘핑크림을 얹은 초콜릿 아이스크림'을 주문했다. 그녀는 나를 빤히 쳐다보며 양손을 허리에 대고는 "선디 말씀이시죠?"라고 물었다. '또 시작이군!' 나는 속으로 그렇게 생각했다.

"아뇨, 선디가 아니라 휘핑크림을 얹은 초콜릿 아이스크림을 먹고 싶은 건데요."

여종업원은 나에게 가르치듯이 되물었다.

"그게 초콜릿 시럽을 뿌리지 않은 선디잖아요?"

몇 차례 옥신각신 끝에 나는 결국 지난번 아이스크림 가게에서처럼 1달러를 더 내고 내가 원하는 아이스크림을 먹을 수 있었다. 그후로도 나는 어떤 레스토랑에 가든지 같은 디저트를 주문하면 똑같은 언쟁을 벌여야만 했다.

어느 날 저녁, 나는 힘든 하루를 보낸 후 맨해튼 중심가에 위치한 레스토랑에서 식사를 하고 있었다. 식사를 마치자 여종업원이 물었다.

"디저트는 뭘로 하시겠어요?"

나는 늘 원하던 디저트를 먹고 싶었지만, 그날은 지난 몇 주 동안 되풀이한 과정을 다시 겪고 싶지 않았다. 그래서 "초콜릿 아이스크림 주세요"라고 했다. 주문에 휘핑크림을 덧붙이지 않았던 것이다. 이렇게 단순하게 주문해야 언쟁을 피할 수 있다고 생각했다. 예상대로 여종업원이 총총히 사라지는 모습을 보면서, 순간적으로 나는 이런 생각을 했다. '꼭 휘핑크림을 얹은 아이스크림을 먹고 싶은데, 여종업원과의 실랑이가 두려워 그걸 먹지 못한다는 건 내가 생각해도 딱한 일이군.' 그래서 "저기요" 하고 저만치 가 있는 여종업원을 다시 불렀다. 그리고 "그 아이스크림에 휘핑크림 좀 얹어 주시겠어요?"라고 부탁했다. 그러자 그녀는 "그러세요. 휘핑크림 말이죠?"라고 대답했다.

계산서를 받아들었을 때, 나는 아이스크림에 휘핑크림을 추가한 가격이 2달러로 적혀 있는 것을 발견했다. 지금까지는 계속 3달러씩 지불했는데 말이다. 순간적으로 나는 여종업원이 등을 돌리고 돌아가는 도중에 휘핑크림을 추가로 주문했다는 사실을 떠올리고 이런 생각이 들었다.

'어라, 이런 식으로 주문하는 게 항상 통하는 걸까?'

다음 날, 나에게는 또 아이스크림을 주문할 기회가 생겼다. 이번에 찾아간 레스토랑은 내가 예전에 아이스크림을 주문하면서 여종업원과 신경전을 벌였던 바로 그곳이었다. 맛있게 식사를 마친 후, 난 디저트를 주문했다.

"초콜릿 아이스크림이요."

여종업원은 계산서에 그걸 받아 적고는 돌아서서 발걸음을 옮기기 시작했다. 그때 나는 재빠르게 "거기에 휘핑크림을 좀 얹어 주실래요?"라고 말했다.

그러자 그녀는 휙 돌아서서 내게 눈길을 한 번 주고는 고개를 끄덕이더니 멀리 사라졌다. 얼마 안 있어 휘핑크림이 듬뿍 얹힌 초콜릿 아이스크림 한 접시가 내 테이블로 운반되었다. 나는 아이스크림을 먹은 후 계산서를 요청했다. 예상했던 대로 계산서에는 2달러가 적혀 있었다.

나는 계속 그 방법을 써먹었다. 예전에 내게 3달러를 받았던 레스토랑들을 일부러 다시 찾아가 2달러로 똑같은 아이스크림을 즐길 수 있었다. 나는 새로 발견한 방법을 증명해 보기 위해 예전처럼 주문해 보기도 했다. 아니나 다를까. 예전의 방법대로 주문하면 여종업원에게 내가 원하는 아이스크림은 선디가 아니라고 구구절절 설명하며 실랑이를 벌여야 했으며, 결국은 1달러를 더 지불해야 했다. 그리고 얼마 후 이런 차이를 확실한 실험으로 입증해 볼 기회가 생겼다.

어느 날, 한 친구와 점심식사를 하면서 나는 그에게 내가 발견한 새로운 아이스크림 주문 방식과 주문 방식에 따라 가격 차이가 생긴다는 사실을 이야기해 주었다. 그는 믿기 어렵다는 표정으로 이렇게 말했다.

"그럼, 우리 실험을 한 번 해 볼까? 나는 휘핑크림을 얹은 초콜릿 아이스크림을 주문하면서 여종업원과 선디 어쩌고 하는 실랑이를 벌이고, 너는 그냥 초콜릿 아이스크림을 주문하는 거야. 그리고 여종업원이 돌아서 갈 때 다시 불러 네가 주문한 아이스크림에 휘핑크림을 얹어달라고 해 보는 거야. 그러고 나서 아이스크림이 나왔을 때 서로 비교해 보고, 그녀가 가격을 어떻게 매겼는지 한 번 시험해 보기로 하자."

실제로 우리는 레스토랑에 가서 그 실험을 해 보았다. 당연히 그 친구는 여종업원과 내가 겪었던 것과 같은 언쟁을 벌였다. 결국 친구는 초콜릿 시럽을 뿌리지 않은 선디를 주문하기로 했다. 나는 그냥 보통 아이스크림을 주문했다. 그리고 여종업원이 돌아서려고 할 때 이렇게 소리쳤다.

"제가 주문한 아이스크림에 휘핑크림을 좀 얹어 주실래요?"

여종업원은 고개를 끄덕이더니 돌아서 사라졌다.

아이스크림이 나왔을 때, 두 가지는 똑같아 보였다. 하지만 계산서는 그렇지 않았다. 내 친구는 선디 값으로 3달러가, 나는 아이스크림 값으로 2달러가 적혀 있었다. 두 디저트가 똑같아 보였는데도 말이다.

도대체 인간의 어떤 본성이 주문 방식만 다른 똑같은 두 제품의 가격을 달리 매기도록 한 것일까? 이에 대한 대답은 바로 '일관성'이라는 심리적 방아쇠이다.

여종업원은 내가 아이스크림을 주문할 때 처음 주문한 내용에 충실했다. 그리고 처음 주문한 것을 이미 받아들였고 그 약속을 지켜야 하기 때문에 휘핑크림의 추가를 허용했던 것이다.
　인간의 이러한 심리를 마케팅과 세일즈 과정에 어떻게 적용하고 활용할 수 있을까?
　나의 결론은 이렇다.
　잠재고객을 실제 고객으로 만들 때 더없이 중요하게 다루어야 할 한 가지 사항이 있다. 그것은 아무리 작은 제품이라도 고객이 아주 수월하게 구매 결정을 내리도록 유도해야 한다는 점이다. 즉, 고객이 구매를 망설임없이 결정하도록 만드는 요령은 '단순하고 간단하며 고객의 필요에 딱 들어맞는 구매 제안'을 해야 한다는 사실이다.
　그러나 일단 잠재고객이 실제 고객이 되면 상황은 일변한다. 그 이후의 칼자루는 파는 쪽에 있다. 자신의 구매 결단을 유지하려는 고객의 심리가 파는 쪽에 유리하게 작용한다. 바로 그 지점에서 다른 것까지 수월하게 덤으로 팔 수가 있다.
　자동차 판매는 좋은 예가 될 수 있다. 자동차 영업사원은 고객이 주문한 자동차의 여러 사양들을 검토한 후, 상사에게 결재를 받고는 고객에게 계약서에 사인을 하도록 한다. 그리고 나서 영업사원은 차의 출고를 준비시키기 위해 발걸음을 옮기다가 갑자기 휙 돌아서서 아무것도 아닌 것처럼 다른 옵션을 제안할 수 있다. 가령 "시트는 아무래도 가죽이 낫겠죠?"라든지, "가족의 안전을 위해 조수석 에어백도 당연히 넣어야죠?"라고 말하는 것이다. 그러면 고객은 본능적으로 고개를 끄덕이게 된다. 당연히 계산서에는 옵션 비용이 추가된다. 또 "실내 환기와 외관을 위해 선루프도 넣으면 좋겠지요?"라고 권할 수도 있다.

일단 구매를 결정하면 고객은 그 결정에 맞춰 행동을 일치시키려는 경향을 띠게 된다. 고객은 그저 고개를 끄덕일 따름이다.

한때 포틀랜트 트레일블레이저스 농구팀의 매니저였으며 뉴저지 네츠의 사장이었던 존 스폴스트라Jon Spoelstra는 내게 또 하나의 비슷한 사례를 들려주었다.

"나는 개인적으로 잠재고객을 방문하여 농구 경기의 간단하고 기본적인 티켓 패키지를 판매하는데요. 일단 그것을 판매한 후 자리를 뜨고 문을 열고 나갈 때쯤, 또 다른 제의를 하곤 하지요. 그러면 대부분의 고객이 고개를 끄덕이며 이렇게 말합니다. '네, 좋아요, 그걸 추가하시죠.'"

여기에서 꼭 명심해야 할 포인트는 '반드시 처음에는 간단한 것을 구매하도록 해야 한다는 점'이다. 일단 한 가지를 구매하게 만들면 다른 물건의 구입을 제안하기가 훨씬 쉬워진다. 이것은 텔레비전이나 인터넷을 통한 통신판매나 홈쇼핑 판매에서도 마찬가지다. 나는 이런 경험상 처음의 구매 제의는 늘 간단한 것으로 한다. 고객이 전화를 걸어 내가 광고한 제품을 주문하면, 나는 추가로 다른 제품을 제안하여 판매 실적을 올리는 기회로 삼았다. 추가로 제안한 구매는 절반이 넘게 성공을 거두었다.

일단 구매를 결정하면 고객은 자신의 처음의 결정에 따라 행동을 지속하려는 경향을 보인다. 한 번 사겠다는 처음의 결심이 다음 구매로 연결되는 심리적 연결고리가 되는 것이다. 인간의 이러한 일관성의 심리를 세일즈와 마케팅에서 활용한다면 당신은 동일한 고객에게 추가 매출을 올릴 수 있다.

세일즈의 방아쇠 1 **일관성**

한 번 구매를 결정한 고객은 '사는 김에 이것도'라는 식으로, 처음의 구매 결정과 일치된 행동을 하려는 일관성을 보인다.

○ 실천 지침
- 고객이 구매를 결정하는 순간, 또 다른 제품을 권유하라.
- 텔레마케팅이라면 주문을 받은 즉시, 다른 제품을 연관시켜 팔아라.
- 대면판매에서는 방금 판매한 제품의 부속품이나 그와 유사한 제품을 함께 판매하라.

이웃의 돌연사

제품을 판매할 때 가장 중요한 요소는 무엇일까? 먼저 모든 제품은 각기 독특한 특성과 본질을 갖고 있다는 사실을 아는 것이다. 당신은 그것을 발견해야 한다.

그 제품의 드라마를 어떤 식으로 제시할 것인가? 모든 제품은 그 제품만이 지닌 강력한 표현 방식을 가지고 있다. 그것은 해당 제품이 제공하는 장점과 감성을 표출시켜 가능한 한 많은 사람들이 구매하도록 유도해야 하는 방식이다.

한 가지 좋은 예를 들어보자. 내가 우리집 지하실에 통신판매

회사인 JS&A를 차려 사업을 시작한 지 얼마 되지 않았을 때, 하워드 프랭클린이라는 사람을 알게 되었다. 하워드는 시카고 출신의 보험 세일즈맨으로서, 내가 〈월스트리트 저널〉에 실은 광고를 보고 계산기를 구입하였다. 그는 계산기가 아주 마음에 들었던지 어느 날 몇 대를 더 구입하기 위해 나를 찾아왔다. 그리고 그 후에도 가끔씩 방문해서 자기 고객들에게 선물할 계산기를 몇 대씩 사가곤 했다.

어느 날 다시 나를 찾아온 하워드는 JS&A가 빠르게 성장하는 회사이므로 보험을 들 필요가 있다고 말했다.

"만일 사장님에게 갑자기 무슨 일이 생기면, 물려줄 재산도 상당할 테고 갑자기 세금도 많이 내야 하기 때문에 가족이 곤란에 처하게 되잖아요. 가족을 위해서라도 보험 하나 드셔야 합니다."

"하워드 씨, 말은 고맙지만 난 보험은 믿지 않아요."

나는 늘 그렇게 자연스럽게 거절했다.

하워드는 훌륭한 세일즈맨이었다. 가끔씩 그는 지역 신문에서 계산기에 관한 기사나 잡지에 나온 신종 기기에 관한 기사를 오려 자신의 명함과 함께 우편으로 보내주곤 했다. 그리고 어쩌다가 한 번씩 우리집에 들르면 자연스럽게 계산기 하나를 집어 들면서 이렇게 한마디 던졌다.

"사장님, 보험은 정말 필요한 겁니다."

그러면 나는 으레 이렇게 대답했다.

"고마워요, 하워드. 조언 고마워요."

그러던 어느 날, 나는 이웃집 문 앞에서 사이렌이 울리는 걸 들었다. 창문 밖을 내다보자, 몇 분 후 이웃집 남자가 하얀 시트에 덮인 채 들것에 실려 나오는 것이 보였다. 그날 아침, 그는 심장마비로 사망했던 것이다. 이웃집 남자는 겨우 40대였다. 당시 나는 36살이었다.

다음 날 나는 하워드에게 전화를 걸었다.

"하워드, 내게 가족을 위해서 보험을 들라고 여러 차례 권했죠? 한 번 만나서 나와 내 가족을 위해 들 수 있는 보험 상품에 대해 상의하고 싶군요."

나는 결국 하워드에게 보험을 들기로 결심했다. 그렇다면 나의 마음을 바꿔놓은 것은 하워드가 지닌 세일즈맨으로서의 신조였을까? 혹은 그의 끈기였을까? 아마 그럴지도 모른다. 하지만 이 경험을 통해 나는 어떤 제품이든 가장 효과적으로 판매하는 방식을 알게 되었다. 하워드는 보험이란 무엇이고, 누가 그것을 내게 판매하며, 누가 나의 좋은 친구이고 고객인지 나의 마음속에 그 씨앗들을 뿌려놓았다. 그래서 마침내 때가 되자, 나 스스로 그 필요성을 깨닫게 된 것이다. 마음을 뒤흔들어 놓을 만한 직접적인 체험을 하고 나서, 나는 보험의 진가를 깨닫게 되었다.

모든 제품은 나름대로의 본질을 갖고 있으며, 판매에 성공하려면 그것을 충분히 이해하고 있어야 한다. 예를 들어, 나는 보험을 구매한 경험에서 배운 것을 경보장치를 판매하는 데 응용하였다. 나는 전국에서 거의 최대 규모라 할 수 있는 도난경보장치 판매 회사를 운영하였는데, 그 장치는 한때 가정을 보호하는 데 가장 큰 기여를 하기도 했다.

나는 미덱스라는 그 경보장치의 광고를 제작하면서 하워드와의 경험을 떠올렸다. 나는 사람들에게 겁을 줘서 경보장치를 사도록 하는 방식은 하워드가 나의 집 지하실로 찾아와 "사장님이 돌아가시고 나서 사모님과 아이들을 완전히 파산 상태에 처하게 하실 건가요?"라고 말하는 것과 다를 바 없다고 생각했다. 이런 방식으로는 보험을 팔기 힘들 것이다. 마찬가지로 범죄통계 따위를 인용하는 방식으로는 경보장치를 판매하는 데 큰 효과가 없다고 생각했다.

고객이 경보장치를 구매하려면 우선 그것이 필요하다는 생각이 들어야 한다. 이를테면, 이웃집이 도난을 당했다거나 인근 지역에 범죄가 증가했다거나 최근에 값비싼 물품을 구입했다는 등의 경우 말이다.

경보장치가 필요하다는 생각이 들면, 고객은 현실적인 상황에 맞는 것을 찾아보려고 할 것이다. 그리고 경보장치를 구매하는 데 가장 중요한 조건은 그것이 제때에 제대로 작동하는지의 여부이다. 어쨌든 경보장치가 단 한 번이라도 쓸모가 있다면 그것은 구입할 만한 가치가 있을 것이다. 따라서 고객 입장에서는 흠잡을 데 없을 만큼 정확히 작동하는 기능이 가장 중요하다.

두 번째로 중요한 사항은 설치하기가 쉬워야 한다는 점이다. 설치가 간단하다면 인부가 온 집안을 돌아다니며 전선을 배치하는 번거로움이 필요하지 않을 것이다. 그래서 미텍스에 관한 광고를 낼 때, 나는 제품의 뛰어난 기능은 물론이고 고객에게 발송하는 제품 하나하나마다 성능 테스트를 거친다는 내용을 자세히 기술하였다. 그리고 광고의 등장인물로 우주비행사인 월리 쉬라 Wally Schirra를 활용했다. 광고에 인용된 그의 말은 간단했다.

"저는 이 장치에 대단히 만족합니다."

나는 결코 범죄통계 따위로 고객들을 겁주지 않았다. 그런 위협은 하워드가 나의 지하실로 찾아와 내가 죽을지도 모르기 때문에 보험을 들어야 한다며 경고하는 것과 다를 바 없다. 내가 했던 일은 판매할 제품의 본질을 파악해내고, 고객이 가장 중요하게 여기는 제품의 요소들을 끄집어내는 것이다. 그리고 나서 소비자가 광고를 충분히 접하고 스스로 위기의식을 절실히 느끼고 구매할 때까지 기다렸다.

우리는 많은 주문을 받았다. 그중 상당수의 사람들이 광고를 오려두었다가 정말로 위기의식을 느꼈을 때 전화를 걸어 주문을 했다. 다행히 시기도 잘 맞아떨어져 광고 기간 중에 상당한 수입을 올릴 수 있었다. 하지만 광고를 그만둔 후에도 여러 달 동안 적지 않은 주문이 계속 들어왔다. 당시 많은 전자제품들이 처음 시장에 나와 몇 개월 후면 사라지곤 했지만, 우리는 판매가 주춤거리기 전까지 3년 넘게 광고를 지속할 수 있을 정도로 그 제품의 판매 수명은 오래갔다.

사람들이 어느 제품에 대해 품는 기대가 그 제품의 고유한 특성, 즉 본질이다. 이 경보장치는 그러한 사실을 가르쳐주는 전형적인 사례였다. 하워드와의 경험과 이웃집 남자의 갑작스런 사망은 분야는 달랐지만, 제품의 본질을 판매의 어필 포인트로 삼아야 한다는 사실을 일깨워주었다.

하지만 다른 제품들의 경우는 어떨까? 어떻게 제품의 본질을 찾아내고 결정할 수 있을까? 두 가지 방법이 있다. 첫 번째는 판매하려는 제품에 대해 전문가가 되는 것이다. 제품에 대해 샅샅이 알아두어야 한다. 어떻게 제조되었고 어떻게 사용하며 특별한 부가적 기능에는 어떤 것이 있는지 파악해야 한다. 그리고 그런 제품이나 서비스가 고객에게 감정적으로 어떤 매력적인 요소가 있는지 알아내야 한다. 고객에 대해서도 연구해야 한다. 가능한 한 많은 고객들과 대화를 나눠보고 그들의 의견을 경청할 필요가 있다. 그들에게 많은 질문을 던져보는 게 좋다. 당신이 특정한 제품에 정통할수록 제품의 본질을 더 정확하게 이해할 수 있다.

두 번째는 자신이 가지고 있는 지식을 모두 이용하는 것이다. 당신이 지금까지 살아오면서 쌓아온 수많은 경험 속에는 당신이 판매하려는 제품을 이해하는 단서가 숨어 있다. 내가 하워드나 이웃의 갑작스런 죽음을 경험하지 못했다면, 경보장치를 판매하는 데 필요한 통찰을 얻지 못했을 것이다. 당신의 폭넓은 지식이 경험에서 우러나온다고 해서, 보다 많은 정보를 얻기 위해 경험을 쌓는 일에만 매진하라는 의미는 아니다. 당신은 이미 그 정보를 가지고 있다. 당신은 당신이 축적해 놓은 막대한 경험에서 그것을 찾아내기만 하면 된다.

다른 제품의 예를 들어보자. 장난감의 본질은 무엇일까? 당신의 개인적 경험에서 보면 장난감은 재미를 위해 만들어진 것이다. 그러므로 당신은 장난감에서 재미있는 측면을 본질로 삼아야 한다. 그것을 연구하면 고객의 마음을 사로잡을 만한 무언가를 발견할 수 있다. 혈압측정기의 본질은 무엇일까? 이것은 혈압을 체크하는 데 사용되는 필수적인 의료 장비이다. 여기서는 '필수적인'이라는 형용사를 되새길 필요가 있다. 경보장치의 본질은 무엇일까? 그것은 설치하는 데 용이하고 위기의 순간에 제대로 작동하여 가정을 지켜줘야 할 중요한 제품이다. 사실 대부분의 경우, 제품의 본질을 이해하고 평가하는 데는 그저 약간의 상식과 노력이 필요할 뿐이다.

당신이 판매하려는 제품의 본질을 이해하지 못한다면, 그것을 효과적으로 판매할 수 없다. 모든 제품은 각기 특유의 본질을 가지고 있으며, 그 본질을 통해 고객과 관계를 맺게 된다. 당신이 제품의 본질을 이해하고 그것을 어필 포인트로 고객과 제품을 홀

류히 연계시킬 방법을 찾는다면, 당신은 성공적인 세일즈의 열쇠를 쥐고 있는 셈이다.

세일즈의 방아쇠 2 제품의 본질

어느 제품에든 각기 특유의 성질과 개성이 담겨 있고, 고객이 공감할 수 있는 특징이 있다. 제품의 이러한 본질을 고객에게 정확하게 제시할 수 있다면 판매의 강력한 무기가 된다.

◯ 실천 지침
- 사람들이 감정적으로나 논리적으로 당신의 제품을 구입하려는 이유를 파악하라.
- 그리고 그러한 이유가 드러나도록 프리젠테이션하라.
- 잠재고객이 당신의 제품에 관심을 갖는 이유는 무엇인가?

캠퍼스 우정과 매춘부

제품을 판매할 때는 제품의 본질뿐 아니라 잠재고객의 본질을 이해하는 것도 중요하다. 대학 시절, 어느 친목클럽에 가입하면서 나는 이 심리적 방아쇠의 중요성과 가치를 절실히 경험했다.

당시 나는 남학생이 가입할 수 있는 친목 클럽 중에서 가장 인기가 없는 클럽을 선택했다. 왜 그랬을까? 다양한 클럽을 방문해 보고, 나는 남학생들이 클럽에 가입할 때 몇 가지 염두에 두는 사항들이 있음을 알아냈다.

그런 정보를 접하고 나는 캠퍼스에서 가장 인기 없는 클럽을 최고로 인기 있는 클럽으로 만들어 보고 싶었다. 회원수를 극적으로 늘릴 효과적인 마케팅 플랜을 세우면 가능할 것 같았다. 나의 목표는 잠재고객들(학생들)의 특성이나 본질을 간파한 후, 그 정보를 이용하여 캠퍼스 내에서 가장 인기가 없는 클럽을 서로 들어오고 싶어 안달하는 클럽으로 만드는 것이었다. 클럽 회원수가 내가 가입했을 때는 최소였지만, 곧 최다로 키우겠다는 꿈을 품었다. 당시의 나는 그 목표를 달성해 낼 수 있다는 확신에 차 있었다.

 클럽에 가입하는 절차로서 입회식과 선서 등을 거친 후, 나는 '생존 작전'이라고 이름붙인 나의 계획을 발표했다. 나는 회원들에게 학생들이 클럽에 가입하는 이유에는 크게 두 가지 심리적 동기가 있다고 설명했다. 그중 하나는 여학생과 만남의 기회를 갖고 싶은 것이고, 또 하나는 우정이나 동료애, 남자들 간의 의리를 체험하려는 것이라고 말했다. 나는 신입회원, 즉 클럽의 표현을 빌리면 '서약자'를 확보하기 위해서는 클럽의 사교생활과 우정에 관한 환상을 창조할 필요가 있다고 주장했다. 물론 목표는 남학생들이 학교의 어떤 클럽보다도 우리 클럽에 가입하고 싶도록 만드는 데에 있었다. 사실 우리 클럽은 신입회원들을 대거 영입하지 않으면 곧 해체될 위기에 처해 있었다. 이 점이 우리 클럽이 가장 인기가 없는 이유이자, 신입회원들을 끌어들이기 어려운 이유였다. 따라서 그 계획을 '생존 작전'이라고 이름붙인 것은 일리가 있었다.

　나의 계획은 아주 간단했는데, 두 가지였다. 첫 번째는 클럽 파티를 개최할 때 매우 아름답고 섹시한 여자들을 주최 측에 포함시키는 것이다. 나는 클럽 회원들의 사교적인 여자 친구들을 주최 측에 포함시키기는 통상적인 방식을 취하지는 않았다. 내가 끌어들이려고 하는 여자들은 누가 봐도 한눈에 반할 정도의 멋진 외모를 가지고 있어야만 했다. 남학생들 사이에서 몇 일이고 입에 오르내릴 수 있는 그런 여자를 원했던 것이다.

　두 번째는 각각의 회원이 다른 회원을 잠재회원에게 소개하는 방식이었다. 나는 회원들에게 동료를 소개할 때는 매우 따뜻하고 우정어린 표현을 사용하라고 주문했다. 예를 들어, 팔을 동료의 어깨에 살짝 올린 채 "이 친구는 정말 멋지고 대단하다"고 말하면서, 자신은 정말 그를 좋아한다고 초대된 학생에게 소개하는 것이다.

　하지만 이 계획은 생각만큼 쉽지가 않았다. 우선 대학 내에서 아름다운 여학생들 중 아무도 우리 클럽의 활동에 관여하려고 하지 않았다. 그리고 회원들 간에도 반목이 심했다. 싫어하는 회원에 대해 우애를 표시하는 것은 불가능하지는 않겠지만, 실행에 옮기기는 매우 어려운 일이었다. 어쨌든 나는 계획대로 일을 추진하기 시작했다.

　우선 우리는 대학교 인근의 스트립쇼 바에서 일하는 가장 아름다운 여성 스트리퍼 4명을 쓰기로 했다. 젊고 섹시한 그들은 여대생으로 가장하고 세 차례 예정된 파티의 주최자 역할을 해 달라는 요청에 선뜻 동의했다. 그리고 나는 회원들을 모아놓고 서로의 어깨에 팔을 두르고 서로 간의 우애를 표현해 보도록 연습을 시켰다. 그들은 처음에는 강요된 제스처에 어색해하고 심지어 혐오스럽게 여겼지만, 연습을 하다 보니 그럭저럭 눈속임은 될 만했다. 그렇게 적극적인 회원 유치 활동을 벌여 결국 우리는 어떤 클럽과도 비교할 수 없을 정도로 역사상 가장 많은 회원수를 확보하게 되었을 뿐 아니라, 일부 회원들 간의 우정도 돈독해졌다. 클럽의 분위기는 완전히 쇄신되었다. 캠퍼스에서는 우리 파티의 주최자 역할을 하는 여성들에 대한 소문이 파다하게 퍼졌고, 우리가 세 번째 파티를 개최했을 때는 파티장이 발디딜 틈도 없을 정도로 북적거렸다. 사실 스트리퍼들은 그 경험을 대단히 즐거워했고, 심지어 또 다른 멋진 친구들도 데려와 함께 즐겼다.(그 여자들 중 한 명은 매춘부였는데, 그녀와 관련된 이야기는 이 책 후반부에서 다시 밝히겠다.) 학생들은 우리 클럽 회원들 간의 우정과 동료애, 그리고 아름다운 여성들에 완전히 매료되어 회원가입 시간이 되자, 말 그대로 거의 애걸하다시피 하면서 가입하려고 아우성이었다.

나는 내가 판매하는 제품(친목 클럽)과 잠재고객(우정과 사교활동을 원하는 대학생)의 심리적 방아쇠를 충분히 이해했다. 이 사례에서 핵심적인 요소는 고객의 본질, 즉 계획된 판촉 행사에서 고객이 민감하게 반응하는 감정적인 측면을 파악하는 것이었다. 생존작전은 굉장한 성공을 거두었다. 단순한 마케팅 플랜으로 단 몇 주 만에 캠퍼스 내에서 가장 막강한 클럽을 만들어낸 것이다.

그러면 다시 비즈니스 이야기로 돌아와 세일즈에서 이 중요한 원칙을 확실히 이해하기 위해 몇 가지 더 예를 들어보자. 고객과 직접 얼굴을 마주한 상태에서 판매 활동을 할 때, 이런 방아쇠를 어떻게 유리하게 이용할 수 있을까? 바로 제품의 본질과 상응하는 고객의 본질을 파악하는 것이다. 당신은 고객에 대해 전문가가 되어야 한다. 항상 귀를 열어놓아야 한다. 고객은 물론이고 그를 알거나 상대하는 사람들과도 대화를 나눌 필요가 있다. 그러면 고객의 본질과 고객이 제품을 구매하는 감정적 이유를 발견할 수 있다.

만일 내가 집을 팔고자 한다면, 나는 고객이 가지고 있는 동기와 집에 대해 추구하는 면을 알아내야 할 것이다. 고객에게 과거에 집을 산 경험은 있는지, 취미는 무엇인지 물어볼 것이다. 고객에 대해 가능한 한 많은 정보를 수집하여 그가 어떤 감정적인 요구와 논리적인 요구를 가지고 있는지 알아낼 것이다.

고객의 요구와 본질을 이해하는 것은 제품을 효과적으로 설명하는 데 필요한 충분한 정보를 얻는 일이다. 가장 이상적인 세일즈 프리젠테이션은 바로 제품의 본질과 고객의 본질을 부합시키는 일이다. 당신의 제품 소개가 간단하든 복잡하든 상관없이, 고객은 당신의 제품이 충족시켜주길 원하는 기본적인 감정적 요구를 가지고 있다. 그런 감정적 요구를 파악해야만 한다. 논리적 요구에 대해서는 잠시 잊어도 좋다. 고객이 지닌 핵심적인 동기에 도달하려면 바로 감정적인 관점에서 출발해야 한다. 그러한 핵심적인 동기로부터 고객의 마음과 영혼, 그리고 고객의 지갑에 도달하는 모든 단서들을 찾을 수 있기 때문이다.

세일즈의 방아쇠 3 **고객의 본질**

당신이 훌륭한 제품이나 서비스를 판매할 준비가 되어 있고, 감정적인 면이나 논리적인 면에서 제품의 매력을 파악하고 있다고 치자. 그 다음 단계는 고객에 대해 아는 것이다. 고객의 마음을 움직이는 것은 무엇일까? 고객이 특정한 제품을 구매하려는 감정적이고 논리적인 이유는 무엇일까? 그런 이유들을 안다면 당신은 효과적인 마케팅 계획을 세울 수 있다.

○ **실천 지침**

- 고객들과 자주 대화를 나누고, 그들이 당신의 제품에 대해 중요하게 여기는 사항들에 주목하라.
- 고객을 대상으로 여러 가지 관심을 끌 만한 요소들을 실험해 보고, 가장 효과가 좋은 것을 선택하라.

더러운 옷을
빨랫줄에 널기

당신이 어떤 제품에 결함이 있다는 사실을 숨긴 채 고객에게 그것을 판매한다고 가정해 보자. 당신은 속으로 그 제품이 정말 최악이라고 생각한다. 제품의 이름조차도 우스꽝스럽다. 더욱이 지금까지 당신은 대체로 첨단 제품만을 취급해 왔다. 아름다움, 디자인, 기술 등의 부문에서 상을 휩쓸며 호평을 받았던 그런 제품들 말이다. 그런데 이 제품은 너무 볼품이 없다.

내가 디트로이트에 있는 어느 작은 회사가 만든 자동온도조절 장치를 팔 때가 딱 그런 상황이었다. 매직 스탯Magic Stat이라는 그 제품명은 귀에 잘 들어오지도 않았고, 비닐포장은 싸구려처럼 보였으며, 제품은 마치 토머스 에디슨 시대에나 나올 법한 인상을 주었다.

하지만 나는 이 제품의 결점들을 감추려고 하지 않았다. 결점을 결점으로 드러냈다. 광고 문구를 쓸 때 나는 개인적으로 처음 이 제품을 접했을 때 정말 못생기고 이름도 엉뚱하다는 느낌이 들었다고 밝혔다. 한마디로, 나는 제품의 결점을 감추기보다는 오히려 여봐란 듯이 드러내보였다. 하지만 그러고 나서 그 제품이 갖고 있는 여러 장점들을 강조함으로써, 앞서 드러낸 결점이 사소한 것처럼 보이도록 했다.

나는 어떤 분명한 흠이나 결점을 가진 제품을 팔 때, 항상 광고에 그런 단점들을 제일 먼저 언급했다. 즉, 숨기고 싶은 부분을 공개적으로, 그리고 정직하게 밝히는 것을 마케팅의 출발점으로 삼았다.

이것은 대량 판매의 열쇠 가운데 하나이다. 예전에 부동산을 팔 때, 나는 고객이 부정적인 생각을 갖는다 싶으면 내가 먼저 그것을 끄집어내어 화제로 삼았다. 그런데 정말 놀라운 점은 그런 부정적인 생각을 세일즈맨이 먼저 제기하는 것만으로도 상대방의 기분을 편하게 해 줄 뿐 아니라, 고객이 마음속에 품고 있던 문제의 중요성이나 심각성을 대폭 감소시켜 준다는 점이다.

나는 일리노이에 있는 아름다운 주택에서 꽤 오래 살았다. 내가 그 집을 팔려고 내놓았을 때, 부동산 중개업자는 집의 위치 때문에 제값을 받기가 쉽지 않을 거라고 미리 조언해 주었다. 집의 뒷마당은 복잡한 거리와 인접해 있었다. 부동산 중개업자가 보기에는 그것이 우리 집의 유일한 단점이었다.

그 집을 팔기 위한 광고를 낼 때, 나는 단점을 숨기려고 애쓰지 않았다. 집의 이모저모를 묘사하는 광고 문구를 작성하면서 우선적으로 복잡한 거리 문제를 거론했다. 광고의 첫 문구는 이렇게 시작되었다.

"이 집의 유일한 단점은 뒷마당과 인접해 있는 복잡한 거리인 것 같다."

그러고 나서 그 거리와 집 사이에 나무들이 많이 심어져 있으며, 그 나무들이 거리의 소음을 완전히 차단시켜 준다고 했다. 또그 동네에서 값비싼 집들은 복잡한 거리와 인접한 곳에 지어져 있으며, 그런 집들이 우리집보다 훨씬 비싸게 팔리고 있다는 점을 지적했다. 나는 화재 등과 같은 만일의 긴급 상황이 발생하면 집이 큰 도로에 붙어 있는 것이 훨씬 바람직하다고 주장했다. 그러자 집은 내가 원하던 가격으로 10일 이내에 팔렸다. 결국 부동산 중개업자는 주택 판매에서 부정적인 특징을 먼저 드러내는 것이 얼마나 효과적인가를 직접 목격했다. 나는 제품을 판매할 때 부정적인 특징을 먼저 거론함으로써, 고객의 마음속에 일어나는 거부감을 약화시키거나 완전히 제거할 수 있었다.

이런 일이 가능한 이유는 무엇일까? 우선, 고객은 어떤 경우에도 속일 수 없다는 사실을 명심해야 한다. 당신이 팔고자 하는 제품에 결점이 있다면, 고객도 그것을 감지하거나 느끼거나 눈치를 챌 것이다. 고객의 눈을 속일 수 있다고 생각할지도 모르겠지만, 실제로 고객은 당신이 생각하는 것보다 훨씬 영리하다.

그러므로 당신이 팔 물건에 고객이 지적할 수 있는 결점이 있다면, 고객보다 먼저 그것을 거론하라. 특히 제품을 설명할 때는 미루지 말고 즉시 그것을 언급하라. 제품의 부정적인 특징을 전면에 내세움으로써 당신은 고객이 지닌 초기의 거부감을 완화시키고, 고객에게 당신이 남을 속이지 않는 정직한 사람이라는 인상을 줄 수 있다. 고객으로부터 당신이 얻은 신뢰와 존중은 그들의 방어망을 약화시킨다. 이때쯤이면 그들은 당신이 소개하는 제품이나 서비스의 실질적인 장점을 순순히 받아들일 마음을 갖추게 된다.

문제의 해결은 그 다음에 고려해야 할 사안이다. 물론 제품의 단점을 거론하여 문제를 제기했다면, 그 다음에는 해결책을 내놓아야 한다. 하지만 문제를 해결하는 것만큼이나 중요한 일은, 판매 과정에서 초반에 그 문제점을 세일즈맨이 먼저 거론해야 한다는 사실이다.

세일즈의 방아쇠 4 문제 제기

당신은 판매할 제품의 본질을 이해하고 고객에 대해서도 잘 알고 있다. 하지만 당신의 제품이 대부분의 고객이 구매를 꺼려할 치명적인 결함을 가지고 있다면 어떻게 해야 할까? 그럴 때는 당신의 광고나 판매 과정에서 그 결함이나 문제점을 당신이 먼저 거론하는 전략을 써야 한다.

○ 실천 지침

- 제품에서 고객이 부정적으로 생각할 만한 요소가 무엇인지 파악하라.
- 세일즈 프리젠테이션을 할 때 제일 먼저 그 문제점부터 언급하라.

05

개똥을
약으로 만드는 법

    고객에게 제품의 결함을 먼저 털어놓은 후에는, 그것을 상쇄시킬 만한 조치를 취하는 일이 매우 중요하다. 앞 장(4장)에 소개한 사례들은 모두 제품이 안고 있는 부정적인 특징이나 문제를 즉시 공개해야 한다는 점을 강조한 것이다.

    하지만 그 다음에 반드시 취해야 할 조치는 제기된 문제를 해결해야 한다는 점이다. 예를 들어, 내가 (4장에서 언급한 것처럼) 자동온도조절장치를 팔고 있는데, 고객이 그걸 직접 설치해야 하는 문제가 있다면 판매의 시작 단계에서 그걸 언급해야 할 것이다. 많은 제품을 판매해 본 경험상, 나는 소비자들이 전자제품을 설치할 때 전기나 전선을 다루는 일을 꺼려한다는 점을 알고 있다.

문제가 될 만한 사안을 먼저 제기하고 그것의 올바른 해결책을 제시하면, 판매의 가장 큰 장애물을 제거한 셈이 된다. 자동온도조절장치의 예에서 나는 설치 문제를 우선적으로 거론했다. 나는 그 장치의 전선에 흐르는 전기가 24볼트에 불과해서, 다룰 때 지극히 안전하다는 점을 강조했다. 그리고 전선을 색깔로 표시했기 때문에 설치가 용이하다는 점도 제시했다.

이와는 대조적으로 제품의 문제점을 거론하지도 않고, 더욱이 그것을 해결하려고도 하지 않는 세일즈맨들이 적지 않다. 나는 그들의 마케팅이 실패하는 것을 자주 목격했다.

여기에서 명심해야 할 사항이 있다. 먼저 문제를 제기하지 않고서는 그것을 해결할 수 없다는 사실이다. 과거에 내가 주목했던 한 가지 사례를 들어보자.

나는 일리노이에 있는 폴워키 공항에서 약 80킬로미터 떨어진 상공에서 전용 비행기를 조종하고 있었다. 그리고 곧 그 공항에 착륙할 예정이었다. 그날의 날씨는 비행하기에 더할 나위 없이 청명해서 수 킬로미터 전방까지도 선명하게 보일 정도였다. 그런데 내가 폴워키 공항에 접근할 때, 항공관제사들이 이상하게도 조용했다.

폴워키 공항에 점점 가까이 다가가자 저 멀리 시카고 오헤어 공항 근처에서 큰 불길이 치솟고 있는 게 보였다. 내가 비행기를 착륙시키고 공항 사무실로 걸어 들어갔을 때, 텔레비전에서 아메리카 항공 191편 비행기가 오헤어 공항을 이륙한 직후 추락하여 승객 전원이 사망했다는 보도가 나오고 있었다. 1979년 5월 25일에 발생한 그 사건은 아직도 내 마음속에 씻을 수 없는 기억으로 남아있다.

추락한 기종은 DC-10으로 맥도넬 더글러스 사가 제조한 가장 크고 대중적인 비행기 중 하나였다. 추락 후 비행기 유압장치에 이상이 있다는 사실이 밝혀졌다. 어떤 환경에서는 유압장치에 이상이 생길 경우 비행기의 통제가 불가능해져 결국에는 추락으로 이어질 수 있다. 맥도넬 더글러스 사는 그 문제를 재빠르게 처리하였다. 하지만 사고 이후 한동안 모든 DC-10기는 지상에 묶여 있어야만 했다.

그 후 DC-10기는 한 번으로는 충분하지 않은 듯, 비교적 짧은 기간 사이에 두 번 더 추락 사고를 냈다. 마지막 두 번의 추락은 비행기 결함 때문이 아니었다. 하지만 잇따른 비행기 추락 사고로 대중은 이미 그 비행기에 대해 상당히 부정적인 인식을 품게 되었다. 맥도넬 더글러스 사는 그런 이미지를 불식시키기 위해 뭔가 조치를 취해야 한다고 생각했다.

맥도넬 더글러스 사는 전 우주비행사인 피트 콘래드에게 광고를 만들게 하여 대중의 신뢰를 되찾고자 했다. 하지만 콘래드는 비행기 추락 사고의 문제를 제기하여 근본적인 해결책을 찾는 방식을 취하지 않았다. 그는 그 문제를 철저히 도외시했다. 대중들에게 선보인 광고는 공허하기 짝이 없었다. DC-10기는 매우 안전하며 엄격한 기준에 맞춰 제작되었고, 기술자들이 1,800만 시간의 노동량을 투여해 비행기 제작에 대단한 노력을 기울였다는 점만 강조되었다. 이렇듯 피상적인 설명은 장황하게 계속되었다. 그들은 정말로 중요한 다음과 같은 단순한 언급을 빠뜨리고 말았다.

"여러분도 최근 DC-10기의 추락 사고에 대해 들었을 겁니다. 그런데 여러분이 아셔야 할 몇 가지 사항들이 있습니다."

나 같으면 이렇게 시작한 후, 그 다음에 추락에 관련된 여러 사항들을 거론하기 시작할 것이다. 첫째, 우선 사실대로 유압장치의 이상이 흔치 않은 상황과 마주쳐 추락을 일으켰다는 점을 지적한다. 둘째, 그것을 고치기 위해 취할 수 있는 방안을 제시하고, 안전점검과 최근에 설치된 오작동 안전장치에 대해 설명함으로써 비행기에 대한 신뢰를 회복시킬 대안을 제시한다.

간단히 말해서 소비자의 마음속에 자리 잡고 있는 생각과 문제점을 이 쪽에서 먼저 제기하는 것이다. 그리고 이미 적극적인 조치가 취해지고 있다고 밝히면서 문제를 해결하겠다는 강한 의지를 보여주는 것이다. 그리고 나서 피트 콘래드가 기술한 내용을 적을 것이다.

피트의 광고는 비행기의 제작 과정을 설명함으로써 문제를 해결하려고 했지만, 그의 접근법은 광고를 읽는 소비자들의 의심을 풀어주지 못했다. 콘래드는 DC-10기의 제작 과정에 대한 의문을 풀어주었을지는 몰라도 문제를 근본적으로 해결할 수 있는 기회를 놓친 셈이었다.

어떤 문제든 먼저 문제를 공개적으로 제기해 놓지 않은 상태에서 해결책을 제시하는 것은 시간 낭비일 뿐이다. 그것도 고객의 마음속에 자리 잡고 있는 실질적인 문제가 아니라면 어떠한 조치도 소용이 없다.

DC-10기의 광고대행사와 광고를 승인한 광고주는 약간 다른 목적을 가지고 광고를 제작했는지도 모른다. 즉 마케팅보다는 법적인 차원을 염두에 두었을 수도 있다. 하지만 어느 쪽이든 그 광고는 분명히 원래 의도했던 목적을 이루어내지 못했다.

세일즈 프리젠테이션을 할 때는 아주 빠른 시점에 문제를 끄집어내는 것이 중요하다. 또 그 문제를 해결하기 위한 전략을 짜는 일도 그만큼 중요하다. 그럼으로써 구매 제안에 대한 저항감을 예방할 수 있으며, 고객으로부터 신뢰를 잃지 않으면서 저항을 신속히 약화시킬 수 있다.

제품이나 서비스에 어떤 문제가 있든, 그 문제가 아무리 부정적이고 감추고 싶은 것일지라도 마케팅에서는 우선적으로 그것을 표면에 드러낸 후 해결책을 덧붙여야 한다. 바로 그 시점에서 세일즈맨이 마음속에 품어야 할 가장 현실적인 질문은 이런 것이다.

"이 문제를 어떻게 기회로 변화시킬 것인가?"

아주 흔한 일이지만 엄청난 기회는 다름 아닌 문제 안에 존재하며, 그것은 문제를 압도해버리기도 한다. 당신의 일은 바로 기회를 찾는 것이다. 몇 가지 예를 들어 보자.

나는 한때 이온발생기를 판매했다. 이 제품은 음이온을 생성시키는 기기인데, 원리는 음이온이 공기 중의 미립자 오염물질에 달라붙어 그것을 낙하시킴으로써 공기를 맑게 해 주는 방식이다. 내가 팔았던 기기는 검은색의 매끈한 원통형 모양이었는데, 윗부분이 비스듬히 기울여져 있어 근사한 예술작품처럼 보였다. 하지만 비스듬히 기울어진 꼭대기에 마치 강철 솜처럼 보이는 금속 조각이 붙어 있었다. 그것은 꼴사납게 여겨질 정도로 보기에 흉측했다. 그 제품의 문제는 바로 거기에 있었다. 그것 때문에 그 제품은 도무지 첨단 기기처럼 보이지 않았다.

문제의 해결책으로 나는 광고 문구를 "기적의 솜털"이라고 달았다. 그리고 (내가 솜털이라 불렀던) 강철 솜조각이 그 기기에서 기적을 일으키는 부분이라고 강조했다. 어쨌든 그 부분에서 이온이 발생하므로 제품의 중요한 기능을 담당하는 곳임에는 틀림없었다. 그래서 소비자가 흉측하고 기이하게 여길 수 있는 강철 솜은 신종 기기의 효율성을 담당하는 기적의 부품으로 재탄생했다.

이 광고는 수 년 동안 게재되었고 큰 호응을 얻었다.

문제로 여겨지는 사안을 떠올릴 때마다 나는 마음속으로 반드시 이런 질문을 하게 된다.

"그러면 기회는 어디에 있는가?"

내가 만든 광고에 대한 고객들의 평가 중에서 가장 만족스러운 것은 내 광고가 사람들에게 안도감을 안겨준다는 점이다. 그들은 내가 다른 사람들과는 달리 제품에 대해 문제 제기를 한 후, 그 문제를 완전히 해결할 뿐 아니라, 심지어는 전화위복의 기회로 삼는 것을 감탄하곤 한다.

마케팅과 세일즈에 종사하는 사람이라면 누구나 이런 원칙을 쉽게 실천할 수 있다. 종이 한 장을 놓고 고객이 당신의 제품에 대해 느낄 수 있는 여러 문제점들을 적어보라. 그리고 그 뒷면에는 그런 문제들을 해결할 수 있거나, 그것들을 기회로 전환시킬 수 있는 방안들을 적어보라. 하지만 여기에서 유의할 점이 있는데 바로 상식적인 사고가 필요하다는 점이다. 정작 고객의 마음속에서는 실제로 큰 문제가 되지 않는 것을 문제삼는다면 괜한 평지풍파를 일으켜 그것을 해결하느라 불필요한 수고를 감당해야 할 수도 있다. 제품의 문제라면 고객이 상식적으로 심각하다고 느낄 만한 것이어야 한다. 그것은 경쟁이 될 수도 있고 가격이 될 수 있고 배송이 될 수도 있다. 어떤 문제든 제품을 프리젠테이션할 때, 초반에 그것을 제기한 후 창조적이고 적극적인 방식으로 그 해결책을 제시해야 한다.

　고객과 마주하는 대면판매에서는 문제를 해결할 수 있는 기회가 바로 그 현장에 있다. 이미 고객의 입으로 제기한 문제라면 세일즈맨이 분명하게 해결해 주어야 할 문제임에 틀림없기 때문이다. 그러면 다음에 다른 고객으로부터 같은 문제가 제기된다면 당신은 이미 해결책을 준비해 놓은 셈이 된다. 그때는 당황하지도 않을 것이다. 통신판매 광고에서는 고객들이 제기할 수 있는 많은 문제들을 예상해 두어야 한다. 그렇지 못하면 제대로 판매할 수가 없다. 그러나 대면판매에서는 고객이 입으로 말만 해 주면 고객이 가진 저항감을 정확히 파악할 수 있다. 마케팅에 있어 고객이 눈앞에 있는 것만큼이나 유리한 상황도 없다.

　그러면 한참 제품 설명을 하고 있는데 고객이 전혀 예상하지 못한 문제를 제기한다면 어떻게 해야 할까? 당신이 머뭇거리는 사이에 고객의 마음은 순간적으로 저항감으로 바뀐다. 그야말로 창조적으로 사태를 수습해야 할 순간이다.

　내가 겪은 예를 들어보자. 1998년 8월, 나는 미국 홈쇼핑 채널 QVC의 지사인 영국 QVC에 출연하고 있었다. 나는 쇼핑 호스트인 로브와 함께 블루블로커 선글라스를 영국 시청자들에게 팔고 있었다. 그때 로브는 그 선글라스의 강도를 실험으로 보여주곤 했다. 그는 선글라스를 바닥에 던진 후 자신의 커다란 발로 밟았다. 그럼에도 선글라스는 망가지지 않았기 때문에 강도와 내구력의 입증 실험으로 호평을 얻곤 했다.

그런데 그날은 정말 예기치 않았던 상황이 벌어졌다. 로브가 블루블로커 선글라스를 바닥에 던져놓고 발로 밟았는데, 다리 부분이 부러져버린 것이다. 선글라스의 다리가 부러진 순간, 시청자의 마음속에는 그 제품에 대한 불신감이 강하게 일어났을 것이다. 그러나 앞서 밝혔듯이 모든 문제에는 기회가 있으며, 문제에서 얻어진 기회는 그 문제보다 훨씬 강력한 법이다. 자, 그 다음에 어떤 일이 벌어졌을까?

로브가 그야말로 혀가 얼어붙어 꼼짝 못하고 있을 때, 나는 껄껄 웃으면서 이렇게 말했다.

"로브, 선글라스를 부러뜨려줘서 고마워요. 정말 고맙군요. 시청자들 중에는 아마 우리가 QVC에서 수차례 실험했던 것이 모두 쇼라고 생각하며 믿지 않으셨던 분들이 많을 겁니다. 그런데 이걸 보면 우리가 생방송을 하고 있고, 이 실험이 조작이 아니라는 걸 아셨을 겁니다. 더욱이 선글라스의 어느 부분이 부러졌는지 한 번 볼까요? 바로 다리가 접히는 부분인데, 선글라스는 바로 그 부분이 약하다는 걸 제가 누차 말씀드렸지요."

그리고 나서 나는 부러진 선글라스를 집어 들고 말했다.

"이 부러진 부분을 잘 보시면 이 선글라스가 얼마나 튼튼하게 만들어졌는지 아실 수 있을 겁니다. 접히는 부분을 이렇게 강화시켰는데도 부러졌어요. 하지만 이 선글라스에서 부러질 수 있는 곳은 바로 이 부분뿐입니다. 만일 여기가 부러지면 블루블로커 회사로 보내주세요, 그러면 1년의 보증 기간 동안 새 것으로 바꿔 드리겠습니다. 고객께서 실수로 부러뜨려도 교환해 드립니다."

이 극적인 순간의 대처로 발생 가능성이 있는 여러 가지 문제들이 한꺼번에 해결되었다. 그 순간 고객의 마음속에 제기된 문제들과 실험의 실패로 향후 제기될 수 있는 문제들이 현장에서 해결되었던 것이다. 그것을 즉각적으로 해결함으로써 우리도 사람이고 실제로 생방송을 하고 있으며, 제품에 어떤 문제가 있든 그 제품은 철저히 믿을 만한 제품임을 증명했다. 더욱이 선글라스 다리의 접히는 부분이 얼마나 튼튼하게 만들어졌는지 선전할 기회도 가졌다.

그날 부러진 선글라스 실험은 다른 쇼핑 호스트들 사이에서 화제가 되었는데, 그들은 내가 그 위기를 능숙하게 빠져나온 방법에 감탄했다.

마케팅이나 세일즈 프리젠테이션을 할 때, 혹은 어떤 상황에서 최악의 사건이 발생하거나 일이 잘못되면 항상 이 에피소드를 떠올리길 바란다. 뭔가 일이 잘못되면 고객에게 거부감을 일으키지만, 바로 그 순간이 문제를 창조적으로 해결할 때라는 점을 기억하길 바란다. 당신도 QVC에서 내가 경험한 것처럼 어떤 사건에 현명히 대처한다면, 고객은 별 사건이 없는 평소보다 당신에게 훨씬 높은 점수를 줄 것이다. 실제로 실험을 망쳐버린 그날 선글라스의 판매량은 다른 날보다 훨씬 더 많았다.

　제품의 문제를 해결하는 과정은 고객에게 세일즈맨의 진실성을 보여주는 과정이다. 그것은 소비자의 마음속에 존재하는 갈등과 저항감을 해소시켜 준다.

세일즈의 방아쇠 5　저항감의 해소

고객이 제기할 만한 문제를 당신이 먼저 제기했다면, 다음에는 반드시 그것을 해결해 주어야 한다. 고객의 저항감을 해소시켜 주지 못하면 고객은 제품을 사지 말아야겠다는 이유를 계속 강하게 품은 채로 있게 된다.

◉ **실천 지침**

- 고객이 문제삼을 만한 제품의 결점을 미리 파악하라.
- 제품의 결점을 해소시켜줄 대안을 준비하라.
- 제품의 결점이 다른 훌륭한 장점들과 비교해 볼 때, 무시할 수 있을 정도로 사소하다는 사실을 고객에게 인식시켜라.

어느 텔레비전
세일즈맨의 비밀

 텔레비전을 비롯한 여러 가전제품을 파는 대형 매장에서 일하는 판매원으로부터 들은 이야기다. 그 매장에서 그는 물건을 가장 잘 파는 판매원으로서 그에 견줄 만한 사람이 없었다. 그는 매우 훌륭한 판매 기법들을 알고 있었다. 하지만 내가 그에게 강한 인상을 받은 것은 그런 판매 기법들이 아니라, 가장 유망한 잠재고객을 평가하는 방법이었다.
 그는 항상 매장 통로에 서서 문으로 들어오는 고객들을 지켜보았다. 고객들을 주의 깊게 관찰하던 그는 누군가가 텔레비전 앞으로 다가와서 채널을 돌리면 그 사람은 텔레비전을 구매할 가능성이 50퍼센트가 된다는 사실을 알아냈다. 그리고 텔레비전 앞으로 다가와 채널을 눌러보지 않으면 구매 가능성이 10퍼센트에 불과했다.

그러면 이 기법을 세일즈에서는 어떻게 활용할 수 있을까? 세일즈맨들은 고객들의 우편함을 지키고 있거나 그들의 거실에 지키고 앉아 있을 수 없으므로, 자신들이 낸 제품의 광고를 고객들이 얼마나 읽거나 보는지 확인할 방법이 없다. 고객들이 이른바 채널을 돌리려는 마음을 갖고 있는지 어떤지 알 수가 없는 것이다.

그러나 채널을 돌리는 것과 대등한 느낌을 받게 할 수는 있다. 제품을 고객과 관련시키고 그것을 소유하고 있다는 느낌이 들게 하는 것이다.

나는 모든 마케팅에서 고객이 제품을 실제로 손에 들고 사용하고 있다는 상상을 하도록 유도한다. 예를 들어, 예전에 내가 판매하던 핸드폰 광고에는 이런 식의 문구를 넣었다.

"스마트 2000을 손에 잡아보세요. 손가락을 살짝 대기만 해도 쉽게 작동하지요? 그리고 얼마나 작고 가볍습니까?"

나는 읽는 사람의 상상력을 이용해 버튼을 누르는 감각을 만들어낸다. 한마디로 광고를 읽는 사람을 상상속의 여행으로 끌어들여 마음을 사로잡는 전략이다. 광고를 본 사람은 실제로 핸드폰을 손에 들고 내가 묘사하고 있는 행위를 직접 체험하는 듯한 느낌을 갖게 된다. 그의 머릿속에는 핸드폰을 사용하고 있는 자신의 모습이 순간적으로 떠오를 것이다. 어느 분야의 고객이든 고객들은 스스로도 미처 의식하지 못하는 사이에 비주얼 이미지를 기대한다.

이 원리는 대면판매에서도 동일하게 적용될 수 있다. 당신은 고객과 함께 매장의 통로를 따라 걸으면서 제품의 냄새를 맡게 하고, 당신이 파는 제품이나 서비스에 고객의 마음을 개입시켜 당신의 감정을 전달할 수 있다.

만일 내가 콜벳 스포츠카의 광고 문구를 작성한다면 나는 이렇게 만들 것이다.

"신형 콜벳을 만져보세요. 상쾌한 오후에 드라이브를 즐기며 미풍을 느껴보세요. 사람들의 시선을 즐기세요. 가속페달을 밟으며 몸으로 전해지는 폭발적인 파워를 느껴보세요. 눈앞에는 계기판들이 고급스럽게 배열되어 있습니다. 세계 최고 스포츠카의 파워와 흥분을 지금 체험해 보십시오."

대면판매로 자동차를 판다면 고객에게 차를 체험시켜야 할 것이다. 타이어를 툭툭 차보게 하고, 문을 한 번 쾅 닫아보게 하는 등 차를 느껴보게 하는 것이다. 차를 체험할 수 있는 것이라면 어떤 것도 좋다. 고객에게 차를 체험하게 하면 할수록 제품이 팔릴 가능성은 높아진다.

잠재고객을 마케팅에 개입시켜 끌어들이는 소도구를 마케팅에서는 '개입장치'라고 부른다. 이는 소비자를 판매 과정에 참여시키는 전략이다. 개입장치는 때때로 바보처럼 보이기도 한다. 간혹 광고에서 이런 식의 권고문을 본 적이 있을지 모르겠다.

"당신의 주소와 연락처를 적어 본사로 보내주세요. 행사기간 동안 본사의 신간 잡지를 보내드립니다."

이렇게 단순하고 유치한 개념을 도대체 누가 만들었는지 궁금할 것이다. 그러나 마케팅의 입장에서 보면, 이런 형태의 개입장치는 종종 소비자의 반응을 두 배 내지 세 배로 증가시킨다. 이것은 유치한 그 무엇이 아니라, 매우 효과적인 다이렉트 마케팅 기법이다.

광고를 보는 소비자는 이러한 '권유'에 따라 행동하려는 경향이 있다. 광고 문구의 힘에 이끌려 직접 행동을 취하거나, 아니면 행동을 취하고 있는 자신을 상상한다.

나의 딸 질이 4살 때 보인 행동은 사람들이 마케팅 메시지에 개입되는 과정을 그대로 드러낸다. 당시 질은 7살 된 언니 에이프릴과 함께 텔레비전에서 방영하고 있던 발렌타인데이 특집만화 '피너츠'를 보고 있었다. 딸들과 함께 있었던 아내는 내게 그날의 우스웠던 에피소드를 들려주었다.

만화속에서 주인공인 찰리 브라운이 학급 친구 한 명씩의 이름을 부르며 발렌타인데이 카드를 나눠주는 장면이 나왔다고 한다.

"사라, 매리, 샐리 …… 질, 질 어디 있니?"

텔레비전 속의 찰리 브라운이 그렇게 말했다. 그러자 텔레비전을 보고 있던 나의 딸 질이 손을 번쩍 들면서 말했다고 한다.

"여기야!"

나의 딸은 만화에 너무 빠져 있어 자신이 만화의 캐릭터인 것으로 착각했던 것이다.

나는 개입장치를 자주 이용한다. 제품에 개입장치를 걸면 판매 효과가 매우 좋아지기 때문이다. 내가 쓴 광고 문구 중에도 개입장치를 적절히 이용한 예가 있는데, 그 결과는 정말 전혀 예상하지 못했을 정도였다.

내가 광고했던 제품은 프랭클린 스펠링 컴퓨터라는 것으로, 철자를 교정하는 데 도움을 주는 전자사전이었다. 이 제품이 처음 시판되었을 때는 모두들 신기하게 생각하여 상당히 잘 팔렸다. 하지만 나는 그 제품 판매의 후발 주자로 뛰어들었고, 판매할 모델도 초기에 나왔던 것보다 더 정교한 것이었다.

그런데 제품을 자세히 검토해 보니 가격이 좀 비싸다는 생각이 들었다. 하지만 제조업자는 가격인하를 용납하지 않았다. 그래서 가격을 낮추는 방법으로서 개입장치를 이용해 보기로 했다.

우선, 광고에 제품의 사양을 기술하면서 한 가지 특이한 방식을 취했다. 내가 쓴 광고 문구에 잘못된 철자를 여러 개 포함시켰다. 그리고 이런 개입장치를 제시하였다.

"틀린 철자를 발견하면 거기에 동그라미를 치세요. 그리고 그 광고를 오려 우리에게 보내시면, 정답 하나마다 정가에서 2달러씩 할인해 드리겠습니다."

나의 개념은 아주 단순했다. 틀린 철자를 모두 발견하지 못하면 그 전자사전을 좀 더 비싸게 주고 사야 할 것이다. 하지만 생각해 보면, 틀린 철자를 제대로 맞추지 못한 사람에게 그 기기는 더욱 가치 있는 물건이 아니겠는가.

첫 광고를 〈월스트리트 저널〉에 싣자마자 주문이 폭주하기 시작했다. 심지어 여러 해 동안 소식을 듣지 못한 지인들에게서도 몇 통의 전화가 걸려왔다.

"조, 난 자네가 낸 광고에서 틀린 단어를 찾느라 한 시간 반이나 걸렸네. 그 빌어먹을 전자사전을 구입할 생각이 전혀 없는데도 말이지. 난 〈월스트리트 저널〉을 처음부터 끝까지 전부 읽는 데도 그만큼의 시간이 걸리진 않는다네."

광고에 대한 반응은 대단했다. 나는 웬만한 고객들이라면 틀린 철자를 모두 찾아낼 거라고 예상했다. 내가 광고 설명문에 쓴 잘못된 철자 'mispelled'라는 단어조차 일부러 'misspelled'의 틀린 철자로 기입했다. 독자들의 반응을 최종적으로 집계한 결과, 놀랍게도 사람들은 틀린 단어를 평균 반 정도밖에 찾아내지 못했다. 결국 나는 그 광고를 통해 예상보다 훨씬 많은 수익을 올릴 수 있었다. 물론 그 전자사전은 필요한 사람에게는 가격에 부합하는 실질적인 가치를 지닌 물건이라고 할 수 있다.

고객을 참여시키는 마케팅은 언제나 효과가 좋은데, 특히 개입장치를 이용하면 그 효과는 배가된다. 고객과 직접 대면하여 제품을 팔 때는 이 개념의 중요성을 항상 염두에 둘 필요가 있다. 예를 들어, 고객이 당신의 판매 과정에 적극적으로 참여하도록 유도하는 것이다. 가령 자동차를 판매할 경우, 고객이 시험운행을 해 보도록 권장하는 것은 매우 중요한 방식인데, 판매 과정에 동참한 고객은 어떤 의무감을 느끼며 잠재의식 속에서 차를 사야겠다는 결심을 굳히게 된다.

한편, 병원에서 쓰는 CT 촬영장비 같은 업체용 제품을 팔아야 한다면 어떻게 해야 할까? 그런 제품은 너무 커서 끌고 다닐 수도 없는 일이다. 그럴 때는 어떻게 고객을 참여시킬 수 있을까? 그런 제품은 전체를 가지고 다닐 수는 없어도 거기에 들어가는 작은 부품 하나 정도는 소지할 수 있을 것이다. 고객과 대화를 나누면서 그에게 그 부품을 건네주고 만져보게 하라. 믿지 못하는 사람도 있겠지만, 사실 이런 단순한 행동이 고객을 판매 과정에 참여시키는 행위이다. 이는 매우 효과적인 개입장치이다. 그 부품이 들어 있는 박스를 열 때 고객에게 도움을 청할 수도 있다. 그러면 당신의 행동과 판매 과정에 고객은 자연스럽고도 적극적으로 개입하는 상황이 된다. 자신도 모르게 당신의 판매 과정에 참여한 고객은 어느새 마음이 당신 쪽으로 기울게 된다.

'소유'의 느낌은 참여의 느낌과 매우 비슷한 개념이다. 당신은 이 미묘한 차이를 넘어서서 고객이 제품을 이미 소유하고 있다는 느낌을 갖도록 할 수 있어야 한다.

다음과 같은 광고가 한 예가 될 수 있을 것이다.

"운동기구를 받으시면 곧바로 운동을 해 보세요. 먼저 무게를 조절하세요. 침대 밑에 쏙 들어가니 간수하기도 참 편리하죠?"

한마디로 제품을 소유하고 있다는 이미지를 만들어 잠재고객이 이미 그 제품을 구매했다는 느낌을 갖도록 유도하는 것이다. 대면판매에서도 동일한 개념을 이용할 수 있다. 고객이 해당 제품을 가정이나 사무실, 혹은 공장에서 어떻게 이용할 수 있는지 언급함으로써, 제품의 소유에 대한 이미지를 제시하여 고객의 마음을 더욱 강하게 끌어당기는 것이다.

만일 이동식 옥외 풀을 판매한다면 이렇게 말해야 할 것이다.

"여름 날, 뒷마당에서 풀에 물을 채우고 아이들과 함께 노는 모습은 상상만 해도 기분이 좋아지지요? 풀 안에 넣을 아이들 장난감으로는 어떤 것이 좋을까요?"

이러한 대화로 접근하면 당신의 고객은 뒷마당에 설치한 풀에서 아이들이 장난감을 가지고 노는 모습을 머릿속에 그리기 시작할 것이다.

참여와 소유는 마케팅의 새로운 개념이 아니다. 이것은 판매를 성사시키는 데 중요한 요소로 알려져 있다. 하지만 잘 알려지지 않은 사실은 이 기법이 판매율을 획기적으로 증가시키는 데 큰 효과가 있다는 점이다. 이는 마케팅에서 입증된 사실이다. 나의 경험으로 볼 때, 마케팅과 세일즈에 개입장치를 적절히 이용하면 소비자들의 반응은 두 배 내지 세 배로 증가했다. 이것을 대면판매의 제품 설명에 이용해 보라. 당신의 판매는 생각지도 못한 효과를 발휘하게 될 것이다.

세일즈의 방아쇠 6 참여와 소유

마치 고객이 이미 그 제품을 소유하고 있거나 사용하고 있는 것처럼 이야기하라. 고객의 상상력을 자극하여 판매 과정에 적극적으로 참여하고 있다는 느낌을 갖도록 만드는 것이다.

○ **실천 지침**
- 광고에서는 고객이 실제로 제품을 사용하고 있거나 소유하고 있는 것처럼 기술하는 것이 좋다. 예를 들면, "손으로 제품의 촉감을 느껴보세요"와 같은 감각적인 문구를 써라.
- 대면판매에서는 고객이 제품의 일부와 직접적인 접촉을 하도록 유도하라. 손잡이를 돌려보게 하거나 시운전을 하게 하거나 타이어를 발로 차보게 하는 등, 고객이 제품에 물리적인 개입을 할 수 있는 방안을 마련하라.

07

돈이 아니면
목숨을 달라

'성실성'에 관한 사전적 정의는 이렇다. '참됨, 정직, 진실 같은 건전한 도덕적 원칙에 충실한 상태나 성향.'

하지만 나는 성실성을 '언행일치'로 간단히 정의하고 싶다. 나는 자신이 한 말을 실천하는 사람은 누구나 성실하다고 본다. 범죄자도 성실할 수 있다. 굳이 정직하거나 진실하지 않아도 성실하다고 보는 것이다.

내게는 의사이면서 사업가인 여자 친구가 한 사람 있다. 하지만 그녀에게는 사업 수완이 별로 없었다. 사업을 하면서 그녀는 많은 실수를 저질렀고 자신을 악용하는 변호사들과도 인간관계를 계속 유지했다.

어느 날 그녀는 강도를 만났다. 그녀가 막 차를 출발시키려고 할 때, 강도가 다가와 그녀의 머리에 총을 들이대며 말했다.

"돈이든 목숨이든 둘 중 하나를 내놓으시오."

그녀에게 그 선택은 너무도 간단한 것이었다. 그녀는 강도에게 돈을 내주었다. 나중에 그녀는 그 사건을 내게 들려주면서 강도가 정말 성실한 사람이라는 느낌을 받았다고 말했다.

"그는 자신이 원하는 것을 밝혔고, 나는 그가 원하는 것을 주었죠. 그러고 나서 차를 타고 떠날 수 있었어요. 내 변호사들에게는 그런 면을 찾을 수가 없어요."

당신은 무슨 말을 하든지 당신이 한 말을 실천해야 한다. 무언가를 하겠다고 말했다면 그것을 행동으로 옮겨야 한다. 약속을 했다면 그것을 이행해야 한다. 양질의 서비스를 제공하기로 했다면 양질의 서비스를 제공해야 한다. 한마디로 당신이 발설한 것을 어김없이 그대로 실행해야 한다.

나의 절친한 친구이자 베스트셀러 〈사랑은 두려움을 버리는 것 Love is Letting Go of Fear〉의 저자 제리 잼폴스키 Jerry Jampoloski 박사는 성실성에 대해 이렇게 정의를 내렸다.

"성실함이란 당신의 생각, 말 그리고 행동을 모두 일치시키는 것이다."

판매 과정에서 고객은 당신의 말을 듣고 당신이 얼마나 성실한 사람인지 재빨리 평가한다. 이 개념은 간혹 고객의 마음속에서 미묘하게 작용한다. 제품을 설명하면서 다른 모든 사항들과 모순되는 사항을 언급했거나 입증할 수 없는 것을 과장되게 표현했다면, 혹은 당신의 현재 위치에 어울리지 않는 무언가를 지적했다면 고객은 금세 그것을 알아차릴 것이다. 당신의 고객은 당신에 대한 믿음과 호감을 가져야 한다. 당신에 대한 신뢰와 믿음과 존경심을 한 번에 무너뜨리는 지름길은 바로 언행을 일치시키지 않는 것이다.

성실성은 당신의 제품 전시실의 환경에서도 드러난다. 당신이 게재한 광고에서는 깔끔한 이미지를 강조하면서 사무실은 복잡하고 너저분하다면 당신은 내가 정의한 성실성의 범주에 들지 못한다. 당신이 고급 제품을 판매하면서 청바지를 입고 고객을 상대한다면 역시 성실하지 못하다고 할 수 있다. 할인 매장에서 물건을 판매한다면 청바지 차림새가 어울릴 것이다.

나는 하와이의 마우이 섬에서 꽤 오래 지냈기 때문에 그곳에 친구가 많다. 당시 내게 마우이 섬은 정신적인 자각의 중심지 같았고, 그곳의 많은 사람들은 정신적 규범에 대해 깊은 소양을 가지고 있었다. 하지만 통찰력에 관해 얘기하던 주민들의 상당수가 실제로는 그런 규범을 지키지 않고 있었다.

예를 들면, 그들의 기본적인 규범 중에는 사람에 대해 어떠한 판단도 하지 않고 그 사람의 인격 자체를 인정해 주어야 한다는 항목이 있었다. 그런데 자신들이 고매한 정신의 소유자라며 떠들던 사람들이 오히려 파벌을 형성하거나 동료들 뒤에서 험담을 하기 일쑤였다. 그들은 말과 행동을 일치시키지 않는 사람들이었다. 정신적 규범을 가장 소리 높여 주장하던 사람들이 그런 규범을 가장 쉽게 위반하는 것 같았다.

그들과 달리 진정으로 훌륭한 정신을 지닌 나의 친구들은 매사에 긴 말을 하지 않았으며 정신적 규범을 몸으로 실천하였다.

당신이 제품을 프리젠테이션할 때도 마찬가지다. 아무리 말을 많이 하더라도 당신의 행동이 말과 상반되거나 일치하지 않으면 당신은 성실한 사람으로 인정받지 못한다.

셰익스피어의 연극에 "그 여성의 항의는 지나치군"이라는 대사가 나오는데, 이는 '등장인물들 중 한 사람이 죄를 지었는데 과도하게 부인하는 걸 보니 자신의 죄를 은폐하고 있는 것 같다'는 의심을 표현한 것이다.

하지만 세상에 완벽한 사람은 없다. 그렇다면 어떻게 성공적인 세일즈맨이 되기 위한 자질인 성실성을 유지하고 개선할 수 있을 것인가? 아마 가장 좋은 방법이라면 '자의식'일 것이다. 항상 말과 행동을 일치시켜야 한다는 의식을 가지고 행동하는 것이 성실성의 수준을 높일 수 있는 유일한 방법이다.

자신의 행동을 돌이켜보고 잘못된 부분을 고치는 일부터 시작해 보자. 약속을 미루고 있다면 당장 그것을 이행하고 입으로 발설한 내용이 있었다면 당장 행동으로 옮기는 것이다. 생각과 말과 행동을 일치시켜야 한다는 점을 항상 염두에 두기 바란다.

어떤 메시지를 전달하는 사람의 성실성의 수준은 상대방의 눈과 마음에 뚜렷하게 각인된다. 고객에게 성실한 면을 보여주면 시간이 지남에 따라 판매 성과는 자연스럽게 증가할 것이다.

세일즈의 방아쇠 7 성실성

당신은 약속을 제대로 이행하는 사람인가? 반드시 실천할 수 있는 말을 하고 있는가? 언행을 일치시키고 있는가? 이것은 매우 중요한 원칙이다. 고객은 당신이 성실하지 못하다는 생각이 들면 절대로 당신으로부터 물건을 구매하려고 하지 않을 것이다.

◉ **실천 지침**
- 세일즈를 할 때 항상 믿음을 주고 말과 행동이 어긋나지 않도록 유의하라.
- 무언가를 은폐하여 고객의 불만을 사지 않도록 주의하라.

하와이 사람들의 대화법

내가 하와이에 있을 때 동료들로부터 흔히 들었던 표현이 있다. 그들은 내게 어떤 할 말이 있으면 그것이 심각한 것이든 일상적인 대화든 이렇게 말한다.

"조, 우리 이야기 좀 해 봅시다."

사람들은 이야기를 좋아한다. 따라서 고객을 상대할 때 가장 좋은 방법 중의 하나가 뭔가 이야깃거리를 들려주는 것이다. 한 폭의 그림이 천 마디 말의 효과가 있듯이, 하나의 이야기는 대단한 영향력을 발휘하며 감정적 관계를 창조하고 고객의 마음을 집중시킨다. 이야기는 사람의 관심을 유발시킨다. 어린시절에 부모님이 들려주는 이야기는 우리가 꿈꾸는 상상 세계의 밑그림이 되었고 세상을 바라보는 창이 되었다. 즉, 우리는 아주 어린시절부터 이야기에 항상 귀를 기울여왔다고 할 수 있다.

대중연설가가 연설을 이야기로 시작하고 다양한 에피소드를 실례로 활용하는 장면을 떠올려보자. 아마 그의 연설은 흥미진진해서 대중의 많은 관심을 불러일으킬 것이다. 나도 연설을 듣다가 지루해서 졸음이 쏟아지기 시작할 무렵, 연설가가 새로운 이야기를 들려주기 시작하면 눈이 번쩍 뜨이는 경험을 한 적이 많이 있다.

이야기에는 배울 만한 교훈도 있고 공유할 경험도 있으며 흥미롭고 놀라운 결말도 있다. 세일즈에서도 마찬가지다. 제품을 설명하면서 판매 분위기를 조성하거나 고객이 제품 설명에 직접 참여하도록 유도하는 데 이야기를 이용하고 있다면, 당신은 이 강력하고 놀라운 방아쇠를 판매에 매우 효과적으로 이용하고 있는 것이다.

또 하나 덧붙일 사항은 특별히 인간적인 요소를 담고 있는 이야기는 고객과 쉽게 마음이 통하게 만들고 끈끈한 유대감도 공유할 수 있게 해 준다는 점이다.

유명한 텔레비전 홈쇼핑 호스트이자 QVC의 최고 마케터인 캐시 레빈Kathy Levine은 자신의 저서 〈웃는 게 낫다 It's Better to Laugh〉에서 이렇게 적었다.

"나는 판매의 성공 여부가 사람들의 주의를 끌고 훌륭한 이야기를 통해 그들의 관심을 지속시키는 데 달려 있다는 사실을 일찍이 깨달았다."

내가 아는 훌륭한 마케터들은 모두 이야깃거리를 가지고 있다. 그들은 이야기를 도구 삼아 고객들을 상대할 뿐 아니라, 그들을 즐겁게 해 준다. 어떤 사람은 1,000여 개나 되는 재담거리를 레퍼토리로 가지고 있었는데, 판매 상황과 제품과 고객에 따라 적절한 것을 선별해 이용했다. 누구나 짐작할 수 있듯이, 그는 매우 효과적으로 판매 활동을 벌이고 있었다.

내가 성공시킨 대부분의 마케팅에서도 제품을 설명하면서 이야기를 기초 도구로 삼았다. 이 기법을 확실히 알아보기 위해 내가 게재했던 광고 하나를 예로 들어 보자. 다음은 내가 쓴 블루블로커 선글라스 광고인데, 몇 개의 단락으로 이루어진 하나의 이야기가 어떻게 고객의 관심을 유발시켜 메시지를 끝까지 읽게 만들 수 있는지 감을 잡아보기 바란다.

제목: 비약적인 시력 향상

부제: 이 선글라스를 썼을 때, 미처 생각하지 못한 것을 보았습니다. 당신도 그걸 볼 수 있습니다.

글: 조셉 슈거맨

광고 카피: 실제 있었던 이야기입니다. 제 이야기를 믿으시면 그만한 보답이 있을 것입니다. 제 이야기를 믿지 못하시더라도 시간 낭비라는 생각은 들지 않으실 겁니다. 이야기는 이렇습니다.

제 친구 렌은 좋은 제품에 대해 관심이 많지요. 어느 날 그는 흥분에 들떠 자신이 구입한 선글라스에 대해 이렇게 말하더군요.

"정말 믿을 수 없는 걸. 이 선글라스를 써보면 진짜 놀랄 거야."

"어떻게 보이는데? 뭘 믿을 수 없다는 거야?"

나는 이렇게 물었죠. 렌은 이렇게 대답했습니다.

"이 선글라스를 쓰면 시력이 엄청 좋아지는 것 같아. 사물이 뚜렷하게 보이고 선명하거든. 마치 고도의 3차원 효과 같아. 절대 내가 상상해서 그런 게 아냐. 직접 한 번 써보라고."

이 이야기는 내가 선글라스를 써본 후, 렌으로부터 계속해서 많은 정보를 듣는 내용으로 이어진다. 이야기는 대화체로 구성되어 있지만, 햇빛이나 파란 불꽃의 위험성 그리고 선글라스의 유용성에 관한 여러 주요 사항들을 다루었다. 이같은 이야기는 독자들의 호기심을 자극하여 모든 카피를 읽게 하고, 결국 마지막 구매 권유 문구까지 읽게 만드는 데 효과적이다.

광고 마케팅 등을 통해 나의 블루블로커 선글라스 판매량은 총 2,000만 개에 달했고, 제조회사는 수백만 달러의 매출을 올리는 회사로 급성장했다.

당신은 제품을 판매할 때, 고객의 관심을 끌면서 판매에 도움이 될 만한 몇 가지 이야기를 준비해 두는 것이 좋다. 동종업계에 종사하는 다른 사람들에 대한 이야기, 새로운 것의 발견과 그 과정에 관한 이야기, 자신과 관련된 것이 아니더라도 고객의 흥미를 끌 만한 이야기 등을 말이다. 때로는 적절한 농담도 도움이 될 수 있다. 하지만 농담을 할 때 명심할 사항은 첫째, 농담은 자연스럽고 능숙하게 해야 하며 둘째, 농담은 엉뚱한 것이 아니라 고객과 관련 있고 가능한 한 판매와도 연관성이 있어야 한다는 점이다.

이야기를 풀어놓는 데는 타이밍도 중요하다. 처음부터 이야기로 시작하는 것도 바람직할 때가 있다. 일단 이야기는 주의를 끌 수 있고 고객이 귀를 기울이게 하는 역할을 하기 때문이다. 또 제품을 설명할 때, 중간에 이야기와 농담을 적절히 곁들이면 리듬감과 변화를 주므로 고객의 관심을 지속시킬 수 있다. 이야기를 이용하는 것은 하나의 기술인데, 세일즈 프리젠테이션에서 그것을 효과적으로 사용하는 능력은 경험을 쌓으면서 늘게 된다. 처음에는 단순히 이야기의 효과와 가능성을 알고 있는 것만으로도 좋은 출발이다. 일단 이런 점을 염두에 두고 관심을 기울이면 머지않아 자신이 굉장히 많은 이야기를 꺼내놓을 수 있다는 사실을 깨닫게 될 것이다.

훌륭한 이야기가 되려면 사람의 이목을 집중시켜야 하며 제품이나 서비스를 마케팅 메시지와 연관시켜야 하고 고객과 유대감을 형성하는 데 도움이 될 수 있어야 한다. 항상 그런 이야기를 제시할 준비가 되어 있다면 당신은 세일즈맨으로서 행복한 나날이 이어질 것이다.

세일즈의 방아쇠 8 이야깃거리

모든 사람들이 이야기를 좋아한다. 누구나 어린시절부터 이야기를 즐겨왔고 항상 이야기에 관심을 기울인다. 따라서 고객의 관심을 집중시키는 데도 이야기를 효과적으로 이용할 수 있다. 세일즈에 이야기를 곁들이면 당신의 인간적인 면을 보여줄 수 있고 고객과 공감대를 형성하는 데 도움이 된다.

◉ **실천 지침**

• 당신이 팔 제품이나 서비스와 관련이 있고, 고객이 공감할 수 있는 재미난 이야기를 준비하라.

목욕탕에서 발휘된 권위

어떤 회사든 자기 제품의 권위를 확보하기 위해 회사의 규모나 위상, 목적 등 내세울 무언가를 가지고 있다. 소비자들은 특정 분야의 전문가들을 상대하고 싶어 한다. 사람들은 잡다한 제품을 판매하는 곳보다는 특정한 제품만을 전문적으로 취급하는 상점에서 더 권위를 느끼고 선호하는 경향이 있다. 이런 상점들은 풍부한 전문지식을 갖추고 다양한 정보를 축적하여 특정 분야에서의 권위 확립에 노력한다.

예를 들면, 나는 내가 세운 회사 JS&A를 가리켜 "글로벌시대 제품들의 미국 최대의 단일 공급처"라고 칭했다. 나는 글로벌시대 제품들의 주요 공급자로서 JS&A의 권위를 구축하려고 했던 것이다. '단일 공급처'라는 말은 우리가 첨단 제품만을 취급한다는 의미뿐 아니라, 한 군데서 제품을 발송한다는 의미를 담고 있었다. 사실 우리는 시어스Sears나 라디오 색Radio Shack보다 첨단 제품을 더 많이 팔지는 못했다. 하지만 대부분의 제품을 단 한 군데서 발송한다는 점에서는 전문성을 갖췄다고 볼 수 있었다.

당신 회사의 규모가 크든 작든 상관없이 권위를 내세울 만한 요소는 제품을 설명할 때마다 강조해야 한다. 예를 들면, '미국 최대의 굴뚝청소용품 전문업체' 같은 주장 말이다.

당신이 근무하는 광고회사의 규모가 아주 작다면 사람들에게 항상 "우리는 광고업계에서 가장 열심히 일하는 사람들"이라고 주장할 수 있을 것이다. 자기 회사의 특성을 자세히 살펴보면 어느 회사든 제품을 판매할 때 내세울 수 있는 권위와 전문성을 찾아낼 수 있다.

권위를 내세운 후 시간이 좀 흐르면 그런 권위를 표현하는 문구를 그만 사용하고 싶은 생각이 들기도 한다. 나의 경우에도 특정한 문구를 사용한 지 6년쯤 되자 그 필요성에 대해 의심이 들기 시작했다. 하지만 항상 처음부터 그 광고를 기억해 온 고객들이 있었고, 그들은 제품을 구매할 때 우리 회사가 그 분야에 권위가 있는 회사임을 계속해서 재확인하고 싶어 했다. 처음에 내세운 마케팅 슬로건이 그들에게 회사에 대한 확신을 주었던 것이다.

때로는 회사 이름 자체만으로 쉽게 권위를 확립할 수도 있다. 나는 "미국 상징 기업American Symbolic Corporation"이라는 회사를 설립한 적이 있는데, 그 회사는 이름만으로도 대단히 규모가 큰 것처럼 느껴졌다. 예를 들어 "잭과 에드의 비디오Jack and Ed's Video"는 전혀 큰 회사처럼 생각되지 않는다. "컴퓨터 할인 창고Computer Discount Warehouse"라는 회사명은 회사의 권위에 대해 확실한 개념을 제시해 준다. 이 회사명은 높은 인지도를 가질 수 있을 뿐 아니라, 이름 자체에서 컴퓨터 제품을 할인해 판매한다는 회사의 특성이 고스란히 드러나 있다. 사람들은 흔히 특정한 분야의 정보에 능통한 권위자를 신뢰한다.

예를 들어, 당신이 컴퓨터를 사려고 한다고 치자. 그리고 당신 주변에 컴퓨터 천재라고 알려진 사람이 있다면 당신은 맨 먼저 그에게 자문을 구할 것이다. 그를 데니라고 하자. 데니는 그 분야에서 일가견이 있기 때문에 당신은 스스럼없이 그로부터 조언을 들을 것이다. 그는 당신의 의문사항을 듣고는 어떤 종류의 컴퓨터를 어디에서 사야 하는지 말해 줄 것이다. 그는 어느 정도 권위 있는 소매상을 추천해 줄지도 모른다. 그곳은 컴퓨터를 가장 싸게 파는 회사일 수도 있고 가장 훌륭한 서비스를 제공하는 회사일 수도 있다. 어쨌든 당신은 컴퓨터의 권위자인 데니가 추천한 제품이나 회사를 선택할 것이다.

나는 개인적으로 비슷한 경우를 실제로 경험한 적이 있다. 내가 라스베이거스에서 한 사무용품 가게에 들어가려고 할 때, 어떤 젊은 여성이 내게 달려와서는 "저 좀, 도와주시겠어요?" 하고 물었다. 낯선 여성의 갑작스런 접근에 놀란 나는 처음에 뭔가 위급한 상황이 발생했다고 생각했다.

"그래요, 무슨 일인데요?"

내가 이렇게 묻자, 눈에 눈물까지 글썽이며 그녀는 날 쳐다보았다.

"제가 컴퓨터를 하나 사려고 하는데요. 가장 마음에 드는 걸 골랐거든요. 하지만 제가 선택을 잘 했는지 어떤지 봐줄 사람이 필요해서요. 컴퓨터에 대해 아시면 저와 함께 가게에 들어가서 좀 봐주시겠어요?"

나는 그녀의 요청을 선뜻 승낙했다. 그녀는 내가 데니의 역할을 해 주길 원했다. 그녀와 함께 가게 안으로 들어가자, 그녀는 자신이 라스베이거스에 있는 네바다 대학에 다니는 학생이라고 소개하며 컴퓨터를 처음 구입한다고 밝혔다. 그녀는 컴퓨터에 대해 잘 아는 사람으로부터 자신의 선택이 현명했는지 확인받고 싶어 했던 것이다. 그녀는 가게 안에 있는 사람들이 컴퓨터에 대해 제대로 잘 모르는 것 같다고 말했다. 나는 그녀가 고른 컴퓨터를 꼼꼼히 살펴보았다. 개인용 컴퓨터에 대해 잘 알고 있던 나는 그녀가 고른 컴퓨터는 성능이 좋고 제대로 선택했다고 말해 주었다. 그리고 공부하는 데 도움이 될 만한 여러 기능들에 대해서도 설명해 주었다. 그녀는 내가 설명한 기능들에 대해서 충분히 이해하는 것 같지는 않았지만, 나의 조언으로 자신이 올바른 선택을 했다는 확신을 갖게 되었다.

안심한 그녀는 내게 고맙다고 말하고는 그 컴퓨터를 구입하기 위해 발걸음을 옮겼다. 그녀는 몇 걸음을 걷더니 돌아서서 이렇게 말했다.

"저는 컴퓨터 살 돈을 벌기 위해 아르바이트를 열심히 했거든요. 그래서 어리석은 결정을 내릴까봐 걱정이 되어서요."

누구든 컴퓨터를 사려고 하면 먼저 컴퓨터에 대해 어느 정도 정통한 데니 같은 사람에게 의견을 구하려고 한다. 또한 컴퓨터에 투자한 돈이 결코 헛되이 쓰이지 않았다는 확신을 갖거나 보장받기를 원한다. 어떤 물건을 사든지 마찬가지다. 고객에게는 확신이 필요하다. 하지만 세일즈맨이 전문가라면 굳이 데니 같은 외부 전문가를 찾을 필요가 없을 것이고, 그 여대생의 경우는 나같은 낯선 사람에게 도움을 청할 필요가 없었을 것이다.

당신이 어떤 제품을 경쟁자보다 많이 판매하려고 한다면 그 제품의 권위자가 되는 것이 무엇보다 중요하다. 나는 군대에 있을 때 권위의 막강한 힘을 체험했다. 나는 볼티모어에 있는 육군의 홀리버드 스파이 학교에서 정보요원으로 훈련을 받고 있었다. 군대생활이 흔히 그렇듯이 나는 2단 침대에서 잠을 자고 입에 맞지 않는 음식을 감수해야 했다. 하지만 내게 가장 불만이었던 것은 목욕탕이었다.

목욕탕에는 여러 개의 샤워기가 달려 있었고, 샤워기 옆에는 사병들이 아침에 면도를 할 수 있도록 거울과 세면기가 붙어 있었다. 그리고 커다란 창문이 하나 있었는데 거기에는 거대한 환풍기가 부착되어 있었다. 이 환풍기는 목욕탕의 증기를 모두 빨아들여 밖으로 배출했기 때문에 면도할 때는 거울에 김이 서리지 않았다.

나의 불만은 아주 사소한 것이었다. 샤워할 때마다 바로 이 환풍기 바람 때문에 덜덜 떨어야만 했다. 하지만 환풍기 쪽으로 걸어가 스위치를 끄면 금세 면도할 사람이 들어와서 거울에 김이 서리지 않도록 다시 스위치를 켜곤 했다.

생각 끝에 나는 나름대로의 조치를 취하기로 했다. 한가한 시간에 게시판을 준비해 다음과 같이 스텐실로 글자를 찍어 넣어 군대의 공식적인 규율처럼 보이는 것을 준비했다.

— 경고 —

환풍기 스위치에 손을 대지 말 것. 스위치를 켜거나 끄는 사람은 군법 141조 207항에 따라 군법회의에 회부되어 퇴학당할 수 있음.

그러고 나서 어느 조용한 오후, 주위에 아무도 없을 때 환풍기 옆에 검은 글씨가 찍힌 게시판을 걸어놓고 그 권위 있는 노란색 표지를 붙여놓았다. 이 문구는 상관의 허락 없이는 군대 기물을 마음대로 다룰 수 없다는 규율이 실제로 존재하는 만큼 거짓이라고 할 수도 없었다.

다음날 아침은 날씨가 추웠다. 나는 그 널찍한 목욕탕으로 들어가서는 곧장 환풍기로 다가가 스위치를 꺼버렸다.

그러자 목욕탕 안에 있던 사람들이 깜짝 놀라며 나를 쳐다보았다. 모두들 내가 대단히 중요한 군법을 위반했다고 여기는 것 같았다. 면도를 하던 이들도 감히 환풍기 스위치를 다시 켤 엄두를 내지 못했다. 당연히 그런 행위는 군법 141조 207항을 어기는 것이고, 학교에서 퇴학당할 수 있다고 생각했기 때문이었다. 슈거맨이라는 친구가 그런 사소한 일에 목숨을 거는 걸 보니 정신이 나갔음에 틀림없다고 여겼을 것이다.

샤워할 때마다 몸서리를 치며 찬바람을 견뎌야 했던 나는 이제 따뜻하고 편안한 샤워를 즐길 수 있었다. 그렇게 샤워를 끝내고 몸을 말린 후, 태연하게 김이 잔뜩 서린 거울들을 지나쳐 환풍기로 다가가 스위치를 다시 켰다. 1분도 안 되어 거울은 다시 깨끗해졌고, 김 서림 때문에 난감해하던 이들은 이내 면도를 계속했다. 나도 깨끗한 거울 앞에서 면도를 하고는 라커룸에서 옷을 입고 밖으로 나왔다. 나는 편안한 샤워라는 목적을 위해 군대의 권위를 이용했는데 그것이 제대로 통했다.

세일즈에서도 정부 기관이나 권위 있는 기관을 합법적으로 이용할 수 있다. 예를 들어, 내가 텔레비전 홈쇼핑을 통해 블루블로커 선글라스를 팔 때는 그 선글라스가 미국정부산하 FDA(미국식품의약국)의 관리를 받고 있다는 점을 언급했다. 물론 모든 선글라스가 FDA의 관리를 받도록 규정되어 있기 때문에 내 말은 거짓이 아니었다. 이런 권위 있는 기관에 대한 언급은 고객이 구매 결정을 내릴 때 상당한 신뢰감을 불어넣는 역할을 한다. 독립적인 이중맹검법(약효의 정확한 판정을 위해 실험자와 피실험자 모두에게 약의 진위를 모르게 하는 실험법-옮긴이)은 사람들에게 상당한 신뢰감을 줄 수 있는 권위의 형태라고 할 수 있다.

또 권위는 직책이나 직함으로도 드러날 수 있다. 의사는 지압사보다 더 권위가 있다. 박사학위자가 석사학위자보다 더 권위가 있다. 권위는 연령과 경험으로도 드러난다. 어떤 사안에서 경험이 결정적인 요소가 된다면, 60살 된 CEO가 24살 된 CEO보다 더 권위가 있을 것이다. 또 성공적인 사업가가 평범한 사업가보다 더 권위가 있다.

지식은 권위를 표현하는 강력한 방법이라고 할 수 있다. 당신이 마케팅하는 제품과 몸담고 있는 업계에 대해 많은 정보를 갖고 있을수록, 까다로운 고객을 더욱 능숙하게 상대할 수 있다. 이것은 당신이 권위를 갖추기 위한 가장 바람직한 방법이기도 하다. 세일즈맨이 아무리 젊어도 그의 정보와 지식이 구체적이고 고객에게 유익하다면 그만한 평가와 대우를 받을 수 있다.

권위는 복장에 의해서도 표현될 수 있다. 군인이나 경찰은 복장에 휘장이나 줄무늬 등으로 계급을 표시함으로써 권위를 나타낸다. 계급이 높을수록 권위도 높아진다.

어떻게 하다 보니 거의 한 달 동안이나 목욕탕에 붙여놓은 그 권위 있는 표지를 떼지 않았고, 나는 결국 사령관 사무실로 불려갔다. 그는 왜 나만 군법 141조 207항을 위반하고 있느냐고 물었다. 다행히도 그는 농담을 던진 것이었고, 우리는 한바탕 웃음을 터뜨렸다.

사람들은 권위를 사랑한다. 그리고 세일즈 과정에서 권위를 이용하면 고객이 결정을 내릴 때 그 결정에 대한 확신을 심어줄 수 있다.

세일즈의 방아쇠 9　권위

사람들은 제품을 구매하려고 할 때, 그 제품의 권위자에게 의존하는 경향이 있다. 고객은 특정 분야에 정통하다고 알려진 전문가나 회사로부터 물건을 구매하고 싶어 한다.

◉ **실천 지침**
- 제품을 전문적으로 다룰 수 있고 권위를 행사할 수 있도록 준비하여 고객에게 당신의 그런 면을 보여주어라.
- 당신이 어떤 장점을 가지고 있든, 당신은 그 분야의 권위자임을 내세워라.

10

우리 사장님은 폭스바겐을 탄다

　백만장자조차도 뭔가 일을 벌일 때는 누군가에게 이용당할까 봐 항상 경계한다. 하지만 그들이 그보다 더 신경을 쓰는 문제는 자신의 투자가 합당한 가치를 창출해낼 수 있는가 하는 점이다.
　나는 마케팅 문구를 작성할 때 항상 사례를 제시하거나 비교를 함으로써, 고객에게 내가 광고하는 제품이 투자할 가치가 있다는 점을 납득시키려고 노력한다. 내가 만드는 광고의 전형적인 방식은 비슷한 특성을 가진 다른 제품들과 가격 및 장단점을 비교하여 내가 판매하는 제품이 더 가치가 있음을 강조하는 것이다. 예를 들어, 600달러짜리 핀볼게임기 광고에서 나는 다른 유사 제품뿐 아니라, 텔레비전이나 컴퓨터 게임 등 다른 가정용 제품들과도 서로 가치를 비교함으로써 고객의 구매를 정당화시켰다. 내가 판매하는 제품이 다른 제품에 비해 더 큰 가치가 있다는 점을 입증하는 것은 고객에게 구매를 정당화하는 논리적 근거를 마련해 준다.

내가 유명 제품과 경쟁을 벌일 때 가장 많이 이용하는 기법 중의 하나는 매우 구체적인 비교를 통해 내가 광고하는 제품의 가치를 뚜렷이 드러내는 것이다. 다음은 59달러 95센트짜리 데이터킹 800이라는 계산기 광고에서 가장 핵심이 되는 부분을 발췌한 것이다.

미국에서 계산기라면 텍사스 인스트루먼츠(TI)의 계산기가 가장 유명합니다. TI는 최근에 신형계산기 TI 2550을 99달러 95센트에 선보였습니다. 그런데 그 계산기는 데이터킹 800이 등장하면서 구식이 되었습니다. TI 2550은 충전식 배터리를 사용하며, 문자판이 작고 구식 체인메모리 시스템을 이용합니다. 가격, 기능, 연산 능력, 신뢰도를 비교해 보세요. 그러면 왜 데이터킹이 미국에서 가장 훌륭한 계산기인지 알 수 있을 것입니다.

때때로 나는 비꼬는 듯한 어조로 경쟁 제품의 지나치게 높은 가격을 강조함으로써, 보다 저렴한 우리 제품의 구매 가치를 정당화시키기도 한다. 다음은 내가 작성했던 올림푸스 휴대용 카세트 광고이다.

제목: 유명인 광고 유치 전쟁

부제: 유명 골프 선수가 래니어 광고에 출현했습니다. 우리 제품은 사장이 직접 출현했지요. 그 결과 여러분은 100달러를 절약할 수 있습니다.

광고 카피: 스스로 판단해 보십시오. 위에 보이는 올림푸스 휴대용 카세트의 가격은 150달러입니다. 그리고 이 카세트의 가장 큰 경쟁 제품은 유명 골프 선수가 선전하는 래니어라는 250달러짜리 카세트입니다. 멋진 광고더군요.

그 유명 골프 선수는 개인전용 사이테이션 비행기를 몰고 다닙니다. 올림푸스 카세트는 JS&A 사장이 직접 광고에 출현했는데, 그는 비용 절약형 단발엔진 비행기인 비치크래프트 보난자를 타고 다니지요. 그 골프 스타는 래니어 카세트를 공짜로 광고해 주지는 않습니다. 사실, 그의 수입의 상당 부분이 광고 모델료랍니다.

하지만 우리 사장님은 광고 모델료를 받지 않습니다. 그리고 그가 소유한 보난자는 비행하는 데 골프 선수의 사이테이션만큼 비용이 많이 들지 않지요. 사실, 우리 사장님은 주로 폭스바겐 래빗 자동차를 이용한답니다.

그러고 나서 나는 래니어가 여러 단계의 판매망을 통해 비효율적으로 판매되고 있으며, 올림푸스는 (다이렉트 마케팅으로 판매하는 회사인 JS&A를 통해) 효율적으로 판매되고 있음을 설명하였다. 그리고 이렇게 결론을 내렸다.

"우리 제품은 값비싼 광고 모델을 쓰지도 않고, 여러 단계의 판매망을 거치지 않기 때문에 보다 질 좋은 제품을 100달러 더 싸게 구입할 수 있습니다."

광고 독자에게 제품의 본질적인 가치를 교육시키는 것은 가격이 싸게 느껴지도록 하거나 상대적으로 보다 큰 가치를 제공받는다는 인식을 심어주는 일이다. 다시 말해서 고객이 제품의 가치를 깨닫고 적극적으로 구매 의사를 표출하도록 만드는 것이다. 이는 광고뿐 아니라, 소비자와 직접 마주치는 대면판매에서도 똑같이 적용된다.

모든 소비자의 마음속에는 항상 하나의 질문이 자리하고 있다.

"나는 이 제품을 최적의 가격에 사는 걸까?"

그러므로 당신은 그 문제를 먼저 다뤄야 하며, 가격 비교나 가격 정보를 거론하여 그것을 해결해 주어야 한다. 이 문제를 해결하지 못하면 당신은 고객과 효과적으로 의사소통을 하지 못한다고 볼 수 있다.

만일 내가 집을 팔려고 한다면, 나는 그동안 새로 설치한 편의시설들에 대해 언급할 것이다. 이를 테면, 샤워실의 대형 배수구

라든지 추가로 설치한 콘센트나 씽크대 따위 말이다. 다시 말해서 구경꾼에게 눈에 잘 띄지 않는 집의 이런저런 장점을 설명함으로써 집의 가치를 깨닫게 해 주는 것이다. 이는 고객을 교육시키는 일이다.

판매할 물건이 무엇이든 고객에게 당신이 실질적인 가치를 제공하고 있으며, 그 누구보다도 큰 가치를 제공하고 있다는 증거를 제시하려고 노력해야 한다. 고객에게 권하는 제품이 다른 어떤 제품보다도 장기적으로 더 가치가 있다는 점을 확실히 납득시키는 것은 순전히 마케팅 담당자의 능력 문제이다.

가치 방아쇠의 또 하나의 측면이 마케팅에서 매우 중요하다. 인쇄 매체를 통해 판매하면서 나는 한 제품의 두 가지 모델이 있을 때는 가격이 싼 것을 먼저 소개하거나 주요 품목으로 내세워야 한다는 사실을 깨달았다.

예를 들어, 나는 예전에 두 가지 모델의 혈압측정기를 판매했는데 우선 99달러 95센트짜리를 주요 품목으로 소개한 후, 추가로 149달러 95센트짜리를 고급품으로 소개했다.

고객은 제품의 본질에 민감하게 반응하면서 일단 저가품에 눈길을 돌린다. 하지만 결국에는 고급품을 선택하는 경우가 더 흔하다. 그런데 고급 혈압측정기를 구입한 고객들에게 시간이 좀 지난 후 어떤 제품을 샀느냐고 물어보자, 많은 이들이 99달러 95센트짜리를 구매했다고 잘못 대답했다. 이것은 낮은 유인 가격이 그들의 마음속에 더 강한 인상으로 남아 있어 실제로는 고가품을 샀는데도 저가품을 샀다고 착각을 한 것이다.

가능한 한 낮은 가격으로 가치를 얻고자 하는 인간의 본능적인 욕망이 이성적인 판단이 요구되는 현실을 완전히 무시한 것이다. 고객은 먼저 유인가격에 관심을 보이다가 광고를 읽은 후에는 결국 고가의 모델을 선택하는 경우가 많았다. 따라서 유인가격에 끌리는 고객의 수가 많을수록 판매는 더욱 증가하게 된다.

대면판매에서는 약간 다른 접근이 필요하다. 이때는 먼저 저가의 모델만을 소개하여 고객을 끌어들여야 할 것이다. 그리고 고객이 매장을 찾게 되면 일단 고가의 모델을 먼저 보여준 후, 저가의 모델이 더 가치가 있음을 인식시키면 고객은 그것을 더 싸게 느끼고 구입할 확률은 그만큼 높아진다.

예를 들어, 두 가지 모델의 혈압측정기를 소개한다면 우선 149달러 95센트짜리부터 먼저 보여준다. 그리고 나서 잠시 후 99달러 95센트짜리를 보여주면 고객은 그것을 맨 처음에 보여주는 것보다 훨씬 싼 것처럼 느끼게 된다. 99달러 95센트짜리가 통상적으로는 비싸게 여겨질 수 있는 제품임에도 고객은 선뜻 집어든다. 149달러 95센트짜리를 먼저 보면 99달러 95센트짜리가 이득을 얻을 수 있는 제품처럼 생각되기 때문이다.

이런 기법은 대면판매에서 꼭 염두에 두어야 할 노하우이다. 나는 종종 주요 스포츠 행사에 스폰서로 참가해 달라는 요청을 받곤 했다. 세일즈맨은 처음에는 가장 비싼 스폰서 패키지를 제시했다. 그때 내가 주저하는 기색을 보이면 세일즈맨은 그것보다 훨씬 싼 패키지를 내민다. 그러면 난 영락없이 좀 더 싼 패키지를 구매하곤 했다.

처음부터 값싼 패키지를 소개 받았다면 아마 그것의 구매 여부를 놓고 고민을 했을 것이다. 이러한 제품 소개의 순서는 가치의 차이를 분명히 드러내어 고객의 반응을 이끌어내는 데 결정적인 역할을 한다.

기금을 모금할 때도 이런 기법을 이용할 수 있다. 효과적인 기금 모금자는 처음에는 엄청난 금액을 요청한다. 그리고 원래의 금액보다 훨씬 적은 금액을 다시 요청한다. 물론 나중의 금액을 먼저 제시했다면, 그것도 적지 않은 금액으로 여겨졌을 것이다.

당신의 제품이나 서비스의 가격을 정당화하기 위해서는 구매하면 이득이라는 느낌을 줌으로써 고객에게 구매의 논리적 이유를 제시해 주는 것이다.

세일즈의 방아쇠 10 **이득의 느낌**

고객은 아무리 돈이 많아도 구매에서 큰 가치를 얻길 원한다. 당신은 다른 제품들과의 비교를 통해 품질이나 가격 면에서 당신의 제품이 고객에게 훨씬 이득이 된다는 점을 강조할 필요가 있다.

> **실천 지침**
> - 다른 유사한 제품들과 비교함으로써 당신의 제품이 더 우수함을 드러내라.
> - 다른 제품들과의 비교는 정직해야 하며, 당신이 주장하는 가치는 실제로 입증될 수 있어야 한다.

행복한 결혼생활을 위한 고릴라 생존 전략

이번 장의 주제는 결혼의 행복에 관한 것도 아니고, 고릴라 생존 전략 따위와도 아무 관계가 없다. 이 책을 쓰고 있던 어느 날 밤, 나는 목차를 구성하는 데 열중하다가 느닷없이 이런 제목이 떠올랐다.

엉뚱하게 왜 이런 문구가 튀어나왔는지 모르겠다. 때때로 어떤 사건은 아무런 이유 없이 발생한다는 것을 그 이유로 삼을 수밖에 없을 것 같다. 물론 이 장의 제목을 바꿀 수도 있을 것이다. 좀 더 진지하고 논리적인 제목을 붙일 수도 있지만, 그렇게 하지 않았다. 나는 직관이 뛰어나다고 자부하지만, 판매 기법에 관한 진지하고 논리적인 책에 엉뚱한 제목을 포함시킨 것은 매우 감정적인 결정임에는 분명하다.

하지만 이 장에서 나는 세일즈에 이용되는 '감정' 방아쇠에 대해 설명하고자 한다. 그러니 좀 엉뚱한 제목을 붙인 감정적인 결정이 완전히 비이성적이라고 볼 수만도 없을 것이다.

사실, 세일즈에서 감정에 대해 기억해야 할 점은 세 가지밖에 없다. 그것은 대면판매에서도 마찬가지다.

1. 모든 단어에는 감정이 깃들어 있어야 하며, 무언가 이야기를 제시해야 한다.
2. 효과적인 판매란 언어, 인상, 감정에 호소하는 방식이다.
3. 고객은 감성으로 구매하고, 이성으로 그 구매를 정당화한다.

먼저 세 번째 사항부터 살펴보자. 당신은 왜 미국인들이 메르세데스 벤츠 자동차를 구매한다고 생각하는가? 랙앤드피니언 방식의 핸들 때문일까? ABS 브레이크 시스템 때문일까? 아니면 안전장치 때문일까? 하지만 다른 차종들도 똑같은 장치를 가지고 있다. 벤츠와 비교할 수 없을 정도로 가격이 싼 미국산이나 일본산, 아니면 벤츠와 거의 똑같은 사양을 지닌 볼보를 사지 않고 왜 거금을 투자해 벤츠를 사려고 하는 것일까?

이 질문에 대한 대답은 이렇다. 사람들은 감정에 따라 제품을 구매하지만 이성으로 구매를 정당화한다는 것이다. 나는 처음 벤츠를 사고 나서 친구들에게 그것을 구매한 이유가 몇 가지 훌륭한 기술적 장치 때문이라고 밝혔다. 하지만 실제로 그 차를 산 이유는 그 때문이 아니었다. 그것은 순전히 감정적인 선택이었다. 나는 명성 있는 자동차를 소유하고 싶었으며 벤츠를 모는 특별한 계층의 일원이 되고 싶었다. 하지만 구매의 이유를 설명할 때에는 아무 생각 없이 이성적으로 대답을 했다. 처음에는 나 자신도 그것이 정확한 이유라고 확신했다.

벤츠 광고를 보라. 벤츠 사社는 벤츠 자동차를 원하는 고객의 실질적인 구매 동기를 잘 알고 있다. 그들은 사람들이 벤츠의 구매를 정당화하는 데 필요한 이유에 초점을 맞춘다. 벤츠의 모든 광고는 벤츠가 더할 나위 없는 승차감과 뛰어난 기술로 독보적인 위상을 지니고 있다고 강조한다. 하지만 실제로 자세히 살펴보면, 벤츠에는 좀 더 값 싼 차가 모방할 수 없는 혁신적인 기능 따위는 전혀 없다. 그 차는 오로지 고객이 느끼는 감정적인 매력 덕분에 팔리는 것이고, 광고는 구매의 논리적 근거를 제시하여 고객의 구매를 정당화시켜 주고 있다.

판매에 뛰어난 세일즈맨들은 흔히 논리가 중시되지 않는 감정적인 분위기로 고객을 유인한다. 예를 들어, 나는 항상 광고 말미에 이런 문구를 덧붙였다.

"제품이 정말 마음에 들지 않을 경우에는, 30일 이내에 반품하시면 즉시 정중하게 환불해 드리겠습니다."

환불이란 말에 '정중하게'라는 말을 붙여 쓰는 경우를 본 적이 있는가? 사람들은 문맥의 감정적인 정황에 맞춰 자동적이면서도 무의식적으로 단어들을 나름대로 재정의한다. 그래서 여기서 '정중하게'라는 말은 '예의가 바르다'라는 의미보다는 '언쟁을 할 필요가 없다'라는 의미로 받아들여진다. 이는 광고 종사자들에게는 귀가 솔깃한 표현이지만, 문법 교사들은 못마땅하게 여길 만한 표현일 것이다. 어쨌든 문제될 건 없다. 이 문구의 감정과 느낌이 전하는 의미는 우리가 고객의 돈을 즉시 환불해 줄 정도로 매우 공손하고 이해심 깊은 회사라는 것이다. 나는 장황한 설명 없이 고객의 요구에 즉각적으로 반응하는 사려 깊은 회사라는 느낌과 감정을 전달했다. 이 문구는 논리적으로 부적절한 표현이었지만, 그 효과를 알아차린 여러 마케터들이 카탈로그나 미디어 광고에 이용하였다.

종종 어떤 구절이나 문장, 심지어 설명문조차도 논리적으로 정확할 필요는 없다. 그것이 메시지를 감정에 적절히 호소하여 전달한다면 목적을 달성했다고 할 수 있으며, 오히려 논리적인 메시지보다 더 큰 효과를 나타낸다.

획기적인 문자판을 가진 디지털 계산기의 마케팅 카피를 쓰면서 나는 이 개념을 이용해 보았다. 새로 개발된 문자판은 알파벳과 숫자를 함께 보여줄 수 있었다. 그리고 기억용량이 커서 친구들의 이름과 전화번호도 저장해 둘 수 있었다. 오늘날에 이런 기기는 대단치 않은 제품으로 여겨지지만, 당시에는 혁신적인 제품이었다.

그때 그 제품을 선점하여 광고를 했던 두 사람의 경쟁자가 있었다. 하지만 두 사람 모두 실패했다. 그들이 실패한 이유로는 여러 가지가 있지만, 중요한 이유 중의 하나는 제품을 논리적인 차원에서 선전하려고 했기 때문이었다. 그들은 계산기 문자판을 특징짓는 용어인 알파뉴메릭 alphanumeric (alphabetical과 numeric의 합성어)의 개념을 설명하려고 했고 저장용량에 대해서도 자세히 기술했다. 광고는 온갖 사실들과 논리적 개념들로 가득했다. 그들은 획기적인 신제품이기 때문에 논리적 설명이 먹혀들 것이라고 생각했다. 하지만 실제로는 그렇지 않았다.

나는 카탈로그를 통해 비슷한 제품을 팔아보기로 마음먹었다. 캐논 코퍼레이션이 내게 그 제품을 전국적으로 마케팅해 준다면, 수개월 간의 독점 판매권을 주겠다고 제의했던 것이다.

우선 내 카탈로그에 시험 광고를 실어보기로 했다. 제목은 "포켓용 전화번호부"였고, 부제는 "미국 최초의 포켓용 전화번호부만 있으면 당신의 손가락이 알아서 해결해 줍니다"였다. 감정을 자극하는 그 광고 문구는 다음과 같았다.

이걸 어쩌지요? 공중전화 박스 안에서 전화번호를 찾고 계시는군요. 그런데 뒤에 사람들이 줄을 서 있네요. 사람들의 눈총이 따갑군요.

그런데 갑자기 주변 사람들이 눈이 휘둥그레지네요. 당신이 계산기를 꺼내서 버튼을 몇 번 누르니까 전화번호가 뜨는군요. 꿈이라구요? 천만에요.

이 광고는 멋지게 성공했다. 그래서 몇 개의 잡지에도 그 광고를 실어 톡톡히 재미를 보았고, 그 때문에 다른 경쟁자들은 손을 떼게 되었다. 하지만 내가 이용한 감정적인 접근에 주목해 보라. 그 제품의 기술적인 장점이나 기억용량에 대해서는 전혀 언급하지 않았다. 나는 제품의 본질과 고객의 본질을 염두에 두면서 사실적인 정보보다는 감정에 초점을 맞추었다.

이미 2장에서 살펴본 대로 각각의 제품은 고유한 본질을 가지고 있다. 제품의 본질과 감정적인 효과를 이해하는 것은 마케팅에 큰 도움이 된다. 나는 내가 판매하는 계산기가 기기를 좋아하고 그것을 자신의 친구들에게 자랑하고 싶어 하는 사람들의 관심을 끌 것이라고 생각했다. 그래서 광고에 그런 사람들의 감정을 반영시켰다. 아울러 구매를 정당화시키기 위해 광고 후반부에 사실적 정보와 기술적인 내용을 언급하였는데, 그것도 상세히 다루지는 않았다.

판매에 작용하는 감정에 관한 마지막 사항은 사용하는 단어에 관련된 것이다. 당신이 말하는 각각의 단어가 마치 단편소설처럼 감정이 개입되어 있다는 사실을 깨닫는다면, 단어들이 판매에 미치는 효과를 충분히 이해하게 될 것이다.

예를 들어, 당신은 제품을 '사다'라는 표현 대신에, 제품에 '투자하다'라고 표현할 수 있다. 고객의 입장에서는 '제품을 산다'보다는 '제품에 투자한다'라고 하는 편이 더 긍정적으로 들린다. 고객에게 계약서를 건네줄 때도, "이 계약서에 사인해 주세요"라는 말보다는, "이 서류에 사인해 주세요"라고 하는 편이 더 품격을 느끼게 한다. 마케팅에서든 세일즈에서든 이런 단어들의 쓰임새는 대단히 큰 차이가 있다.

다음에 열거한 단어들이 어떤 느낌이나 암시를 주는지 한 번 떠올려보자.

클리블랜드 사기 소비자 농부 변호사 소비에트

클리블랜드는 그곳에 사는 주민이 아니라면 미국인들에게 웃음을 불러일으키기 때문에 이사가고 싶지 않은 곳으로 여겨진다. 거기 사는 분들에게는 먼저 사죄의 말씀을 드린다. 클리블랜드는 정말 훌륭한 도시다. 하지만 어떤 나라든 국민의 웃음거리가 되는 도시가 하나씩은 있기 마련이다. 러시아 코미디언 야코프 스미르노프도 러시아 코미디언들이 종종 도시 하나를 농담거리로 삼는다고 했는데, 그곳은 바로 클리블랜드라고 말한 적이 있다.

소비자나 사기라는 단어는 어떤 느낌이 드는가? 농부라는 단어는 생계를 위한 업종임을 암시해 줄 뿐 아니라, 정직, 성실성, 자연, 근면 등의 의미를 연상시킬 수 있다. 당신의 오랜 경험에서뿐 아니라 현재의 감정 상태에서 이런 단어가 불러일으키는 모든 느낌에 대해 생각해 보라.

소비에트라는 단어는 내게 러시아보다 더 불길하게 들린다. 변호사라는 단어는 어떤 생각을 불러일으킬까? 웹스터 사전은 한때 언어가 지닌 위대한 힘에 대해 이렇게 설명한 적이 있다.

"어떤 사람이 모든 재산을 남김없이 빼앗기고 그에게 오직 언어만 남았다면, 그는 잃어버렸던 자신의 모든 재산을 되찾을 것이다."

당연히 광고에서도 말의 힘은 엄청나다.

다음에 제시된 문구들은 단어들의 감정적인 차이를 잘 보여준다. 둘 중의 어느 것이 더 낫다고 생각하는가?

예1: 모텔에 투숙중인 작은 여자
예2: 별장에 머무는 단정한 여인

이것은 내가 하와이산 보디 오일을 광고하면서 만든 문구인데, 그 오일을 발견하게 된 경위를 기술하는 대목에 나오는 문구이다. 첫 번째 예는 내가 초안에서 쓴 것이고, 두 번째 예는 수정할 때 고쳐 쓴 것이다.

나는 감정과 표현을 살리기 위해 어떤 상황의 사실을 바꾸어야 한다고 주장하는 것이 아니다. 이 광고에서 그 모델은 실제로 작은 별장 같았다. 모델보다 별장이라는 단어의 사용이 품위 있는 감정을 불러일으킨다.

마케팅에서 단 한 개의 단어를 바꾸어 엄청난 반응을 이끌어낸 경우도 있다. 전설적인 다이렉트 마케터들 중 한사람인 존 케이플스John Caples는 '수리하다'라는 단어를 '장식하다'로 바꾸어 한때 소비자의 반응을 20퍼센트 가량 증가시킨 적이 있다. 이런 점이 마케팅의 가장 큰 매력이다. 광고에 사용하는 주요 단어의 효과를 직접 시험해 볼 수 있는 것이다.

최고의 세일즈맨이 되기 위해 단어들의 감정적 효과를 완전히 통달해야 한다는 강박 관념을 가질 필요는 없다. 무엇보다도 가장 중요한 것은 상식이며, 거기에 시간과 경험이 필요하다. 또한 타인의 경험을 거울삼아 그런 통찰력을 기를 수 있다. 즉, 세일즈에서 강력한 표현으로 성공을 거둔 사례가 풍부하게 나와 있는 판매 관련 서적들을 참고할 수 있다. 이 장의 목적은 판매는 감정적인 경험이며 당신이 사용하는 표현들이 판매의 효율성과 깊은 관련이 있다는 사실을 일깨워주는 것이다. 다시 강조하지만, 사람들은 감정적인 차원에서 구매를 하며 논리적인 이유를 들어 자신의 구매를 정당화시킨다. 표적집단(focus group; 여론이나 반응을 조사하기 위해 추출한 실험 집단-옮긴이)이나 소비자위원회에 제품 평가를 의뢰하여 도출된 결과에 바탕한 마케팅이 종종 실패로 돌아가는 이유가 바로 여기에 있다. 이런 집단으로부터 중요한 사안을 포착할 수도 있다. 하지만 고객이 구매를 위해 감정적인 결정을 내리는 시점에 이르러서야 당신은 제품의 성공 여부를 파악할 수 있다. 표적집단의 경우, 참여자들은 제품의 구매 결정 문제를 놓고 자신의 반응을 예측한다. 하지만 그들의 답변은 대체로 논리적인 판단에 따른 것이며 감정적인 요소가 개입되어 있지 않다.

나는 많은 세미나를 개최하면서 참가자들에게 광고 문구를 만드는 일은 감정이 깃든 단어들과 느낌을 쏟아내는 작업이라고 가르쳤다. 광고 작업은 궁극적으로 정신적, 감정적인 행위이다. 판매도 광고와 동일한 패턴을 추구해야 한다.

판매할 때 고객의 감정을 자극할 수 있는가? 제품에서 감정적인 것을 끌어내고 고객에게 감정적인 만족감을 줄 만한 요소를 파악했는가? 바로 이것이 감정을 매개로 한 세일즈이다. 그렇다고 고객 앞에 앉아서 쫓겨날 때까지 애걸복걸하라는 뜻이 아니다. 어쩌면 그것도 판매 기회를 놓치지 않는 방법이 될 수도 있다.

하지만 세일즈 전문가가 되려면 감정적 차원의 판매와 논리적 차원의 판매의 차이를 알아둘 필요가 있다. 당신은 고객과 제품

대해 알아야 하며, 고객의 구매를 자극하는 감정 방아쇠에 대해서도 알아야 한다. 하지만 이 장의 주요 목적은 당신에게 감정이 가장 중요하면서도 유일한 구매 동기라는 사실을 알려주는 것이다. 사실 그것이 모든 구매를 결정짓는 근본적인 요인이다.

사람들은 감정적인 차원에서 구매하며 그 구매를 정당화하기 위해 논리를 이용한다. 따라서 정확한 감정적인 단어나 표현은 판매의 효율성을 높여준다. 세일즈 전쟁에서 살아남으려면 고릴라처럼 행동하고 전략을 배워라. 그리고 집으로 돌아와 결혼의 행복을 만끽하기 바란다.

세일즈의 방아쇠 11 감정

당신의 제품을 감정적으로 표현하라. 고객은 감정으로 구매하고 이성으로 자신의 구매를 정당화한다. 한마디 한마디에 느낌을 실어라. 단어는 감정이 실린 이야기이다.

◉ **실천 지침**
- 고객이 당신의 제품을 사려는 감정적인 이유를 밝혀내어 그것을 마케팅과 세일즈에 활용하라.
- 세일즈 프리젠테이션에 열정을 불어넣어라. 당신의 말에 열정이 실릴수록 고객의 구매 의욕은 증가한다.

논리 속에 숨어 있는 악마

이제 이성적인 면을 살펴보자. 이 장에서는 논리라는 이성적인 주제와 구매를 정당화하는 데 그것을 이용하는 법을 알아보기로 하자. 논리는 진지한 것이다. 논리는 감정보다 훨씬 진지하며, 앞 장에서 언급한 대로 감정적인 구매를 정당화하는 강력한 요소이기도 한다.

당신이 제품을 설명하는 동안, 고객의 마음속에 떠오르는 의문 중의 하나는 "내가 이 물건을 살 만한 정당한 이유가 있는가?" 하는 것이다. 이것은 어떤 고객이든 떠올리는 전형적인 의문으로서 반드시 해결되어야 한다. 따라서 당신이 그것을 먼저 제기하고 해결책을 제시하지 않으면 고객에게 구매를 망설일 수 있는 구실을 주는 셈이고, 그렇게 되면 고객은 결국 구매를 결정하지 못할 것이다.

자신의 구매를 정당화하려는 욕구는 고객의 잠재의식 속에서 항상 꿈틀거리고 있다. 대체로 고객은 그런 바람을 입 밖으로 꺼내지는 않지만 존재하는 것은 분명하다. 그러므로 제품을 프리젠테이션할 때, 어딘가의 시점에서(대체로 말미에) 당신이 먼저 구매의 정당성을 제시함으로써 고객의 잠재의식 속에 자리한 의문을 풀어주어야 한다.

나는 판매를 할 때 항상 어딘가에서 정당한 이유를 제시함으로써 구매자가 품을 수 있는 의심을 미리 해결해 준다. 때로는 "당신은 마땅히 그런 혜택을 누리실 자격이 충분합니다"라고 한다. 또 비용 절약의 측면("같은 종류의 다른 제품보다 결과적으로는 이득입니다."), 건강상의 이유("하나 장만해서 눈을 평생 보호하세요."), 주목받을 수 있다는 점("이걸 입으면 주변 사람들이 당신을 바라보는 눈이 달라질 겁니다."), 안전 문제("벤츠의 에어백은 금박 처리를 했습니다.") 등의 여러 근거들을 내세워 구매를 정당화한다. 이런 이유를 제시하는 것은 고객의 요구와 필요를 충족시키면서 구매를 정당화해 주기 위함이다.

나는 종종 이런 얘기를 듣곤 한다.

"조, 당신의 광고를 읽고 나서, 그 물건을 안 사면 죄책감이 들어요."

소비자들의 마음속을 꿰뚫고 들어가 구매를 정당화시키면 구매를 거부할 구실을 찾을 수 없기 때문에 실제로 구매를 하지 않으면 이처럼 죄책감마저 드는 모양이다.

제품의 가격이 높을수록 구매를 정당화할 필요성이 더욱 높아지는 반면, 가격이 낮고 가치가 크다면 구매를 정당화시킬 필요성이 적어진다.

11장에서 나는 메르세데스 벤츠 자동차의 감정적 매력에 대해 설명하면서, 벤츠를 구매하는 고객은 감정적 차원에서 구매하고 논리적 이유를 들어 자신의 구매 행위를 정당화한다고 밝혔다. 감정에 치우쳐 구매를 하는 소비자는 항상 자신의 구매 행위를 정당화할 논리적 이유를 필요로 한다.

9장에서 언급한 네바다 대학생의 사례를 통해서도 지적했듯이 어리석은 구매를 하려는 사람은 없다. 모든 사람들이 자신의 구매를 정당화할 수 있는 논리적 근거를 가져야 안심을 한다. 그렇기 때문에 당신은 고객에게 논리적 근거를 제시해야 한다. 구매의 이유와 정당성을 거론해야 한다. 그것이 누락되어 있으면 고객은 구매를 고려하며 마음속에 품었던 문제들을 해결할 수 있는 단서들을 찾지 못한다.

볼리 코퍼레이션이 제조한 '파이어볼'이라는 600달러짜리 핀볼

게임기에 고객의 '투자'를 권유하기 위해 만든 광고에서도 나는 구매의 정당성을 제시했다. 나는 일단 그것을 다른 가정용 오락 제품들과 비교함으로써 그것의 가치를 정당화시켰다. 구매를 정당화시킨 광고 문구는 다음과 같다.

가정에서나 회사에서 여가를 위해 컴퓨터 게임기나 스테레오 시스템, 당구대 등 600달러가 넘는 제품을 구입하려고 하신다면, 핀볼게임기도 한 번 생각해 보세요. 핀볼게임은 컴퓨터로 게임을 하거나 스테레오를 듣거나 당구를 치는 것보다 훨씬 재미있고 박진감이 넘치는 놀이입니다.
파이어볼을 사장님 사무실의 오락용으로, 또는 사무실 직원들이나 공장 직원들이 휴식 시간에 즐길 수 있는 여가용으로 설치해 보세요. 투자세액공제와 감가상각의 혜택도 받으실 수 있습니다.

이 광고에서 볼 수 있듯이 나는 투자비용을 정당화시키는 방안으로서 세액공제와 감가상각의 혜택을 제시했다. 이렇듯 구매를 정당화시키는 것은 구매 행위를 떳떳하게 만들어주는 일이다. 사람들은 흔히 뭔가를 사고 싶다가도 자신의 구매를 합리화할 만한 충분한 이유를 찾지 못해 망설인다. 당신은 감정적인 구매 결정을 뒷받침할 모든 논리적 이유를 고객에게 제공함으로써 고객의 마음속에 일고 있는 저항을 퇴치해야 한다.

대면판매에서는 고객이 구매하지 않으려는 전형적인 이유들이 무엇인지 경험을 통해 파악해야 한다. 그 문제들을 파악하여 고객에게 만족할 만한 해결책을 제시할 수 있다면 구매를 방해하는 저항을 상당 부분 제거할 수 있다.

한편, 감정적 이유들은 고객이 제품을 구매하는 큰 동기가 되지만, 구매를 합리화시키는 데는 중요한 역할을 하지 못한다는 사실도 염두에 두어야 한다. 고객은 당신의 제품을 머리가 아닌 마음으로 구매했다. 그런데 고객이 자기 자신에게, 배우자에게, 혹은 상사에게 구매를 합리화하기 위해 필요한 논리적 이유는 당신이 제공해 주어야 한다.

벤츠 자동차의 경우에는 제시할 논리적 이유가 적지 않다. 안전성, 성능, 기능 등의 장점을 들 수 있다. 만일 산업용 장비를 판다면 비용절감, 속도, 경쟁우위성 등을 구체적 사실과 수치로서 설명할 수 있을 것이다. 의류 판매의 경우에는 제품의 실용성, 세탁의 편리함, 다른 옷과의 어울림 등을 구매 정당화의 이유로 제시할 수 있다.

논리 방아쇠에서는 두 가지 주요 사항을 기억해 두기 바란다.

(1) 고객은 감정으로 구매하며 논리로 그 구매를 정당화한다.
(2) "내가 왜 이 물건을 사야 하지?"라는 고객의 마음속에 일어나는 무언의 의문에 대한 해결책은 논리적이어야 한다.

세일즈의 방아쇠 12 논리로 정당화하기

고객은 감정으로 물건을 구매하지만 이성으로 구매를 정당화한다. 따라서 고객에게 제품을 구매하는 논리적 이유를 제시해야 한다. 예를 들면, 기능상의 장점이나 비용 절약, 효율성 같은 사항을 강조할 필요가 있다.

● 실천 지침
- 구매를 촉발시킬 감정적 전략을 수립했다면, 그 구매를 정당화해 줄 논리적 이유를 제시하라.

부자를 사로잡는 마지막 유혹

염가품에 끌리는 심리는 대부분의 사람들이 지닌 본능적인 탐욕으로서 구매를 자극하는 강력한 동기가 된다. 나 역시 단지 싸다는 이유만으로 필요하지 않은 물건을 구매한 경우가 적지 않다. 당신도 나처럼 그런 함정에 빠져든 적이 있을 것이다.

이처럼 인간이 지닌 그러한 탐욕의 성향이 염가품이나 할인된 고가품을 구입하려는 강력한 동기라는 사실을 세일즈맨은 반드시 기억해 둘 필요가 있다. 하지만 제품 가격이 지나치게 낮을 경우에는 그 낮은 가격의 이유를 제시하지 못하면 오히려 신뢰도가 떨어질 수 있다. 사람들은 자신들이 소유한 돈의 가치보다 더 큰 가치를 얻기 위해 기회를 엿보거나 리스크를 걸고자 한다. 탐욕은 당신이 그러한 인간의 마음을 이용하는 심리적 방아쇠이다. 당신은 고객이 실제로 자신의 손에 넣을 수 있다고 생각하는 것보다 더 큰 가치를 제공할 때 탐욕을 이용할 수 있다.

〈월스트리트 저널〉에 게재한 계산기 광고들 중 하나에서 나는 가격을 49달러 95센트로 제시하였다. 그런데 제조업자가 상당히 화가 났다.

"그 제품은 69달러 95센트에 팔아야 합니다. 지금 전국 거래상들의 항의 전화가 빗발치고 있어요."

그는 그렇게 불만을 터뜨렸다.

"걱정 말아요. 다시 정정해서 게재할 게요."

그리고 나는 〈월스트리트 저널〉에 가격표기의 실수가 있었다는 자그마한 정정광고를 실었다. 그래서 가격을 69달러 95센트로 올리되, 단 며칠 동안만 실수로 표기된 가격인 49달러 95센트에 팔겠다고 밝혔다. 그런데 그 광고는 원래 실었던 광고에 비해 크기가 훨씬 작았음에도 불구하고 독자들의 큰 반응을 초래했다. 소비자들은 단 며칠 동안만 판매할 가격인 49달러 95센트에 계산기를 살 기회를 놓치지 않으려고 했다. 실수로 일어난 일이긴 해도, 나는 비싼 계산기를 싸게 내놓음으로써 소비자들에게 큰 가치를 제공한 셈이 되었다.

탐욕은 항상 이용할 수 있는 기법은 아니다. 하지만 이 방아쇠는 적절히 이용하면 판매를 획기적으로 촉진시킬 수 있다. 왜냐하면 탐욕은 실제로 인간의 가장 취약한 심리이기 때문이다.

제품의 가격을 낮추면 정당한 이유나 논리를 제시할 필요도 없이 판매가 훨씬 수월해진다. 가격을 계속 낮춰보라. 그러면 제품에 대한 감정적 욕망이 강력해지기 때문에 모든 논리와 구매의 정당성 따위가 무시될 것이다. 가격을 충분히 떨어뜨리면 모든 이성과 논리는 내팽개쳐지고, 구매 행위는 어떤 신뢰도 필요 없는 순전한 감정적 반응이 되어버린다. 물론, 어느 한도를 넘어서까지 가격을 떨어뜨리려면 이번에는 그 이유를 제시하여 낮은 가격을 정당화시켜야 한다. 가격이 지나치게 내려가면 고객이 당신에게 의심을 품기 때문이다.

보통 65만 달러에 팔리는 인쇄기를 15만 달러에 팔기 위해 내가 만든 광고가 좋은 예이다. 나는 "처음에 구매하려고 했던 사람이 상당한 예약금을 지불한 후 아무런 연락도 없이 나타나지 않고 있다"고 밝혔다. 고객들에게 그 기회를 이용하면 물건을 싸게 살 수 있다는 점을 강조한 것이다. 물론 광고 내용은 사실이었다. 광고 제목은 "사라진 주인의 세일"이었고, 광고를 접한 많은 사람들의 반응이 있었다.

탐욕이 바람직한 심리는 아니다. 하지만 누구에게나 그것이 존재하므로 고객을 상대할 때 강력한 세일즈 요소로 작용할 수 있음을 항상 염두에 두어야 한다. 예를 들어, 100달러짜리 제품을 팔려고 하는데 60달러 정도에 팔아도 이익을 남길 수 있다면, 100달러부터 시작해 차츰 가격을 낮추어주며 판매할 수 있을 것이다.

또 다른 미묘한 예는 어떤 제품의 일반 모델이 50달러이고 그것을 구매할 가능성이 있는 잠재고객이 있다고 하자. 이 경우 나는 먼저 150달러짜리 고급품을 소개할 것이다. 그리고 나서 50달러짜리를 권하면 고객은 처음부터 50달러짜리를 보여주는 것보다 훨씬 싸다고 느끼게 된다. 언뜻 보기에 이는 탐욕처럼 보이지 않지만, 결국 낮은 가격이 비교적 더 큰 가치가 있는 것처럼 느끼게 만든다는 점에서 탐욕의 심리를 자극하는 것이다.

제품의 가격을 낮추면 항상 더 많이 팔 수 있다. 가격의 하락폭에 비례하여 고객의 탐욕의 정도는 더 강해진다. 이런 규칙에 예외는 거의 없다고 할 수 있지만, 그래도 전혀 없는 것은 아니다. 혹여 그런 예외를 보고 일반적인 사례로 오인할 수도 있지만, 예외에는 드러나지 않은 사실들이 있기 마련이다. 다시 말해서 이 원칙에 예외가 존재한다면 분석해야 할 다른 요인들이 작용하고 있음이 분명하다.

나는 세미나에서 제품의 가격을 변화시킬 때 작용하는 요소들과 탐욕에 관한 중요한 교훈을 가르쳤다. 참가자들에게 창조성을 훈련시킬 때도 그런 교훈을 일깨워준 적이 있다. 수업에서 나는

〈드 보노 싱크탱크 de Bono Think Tank〉라는 도구를 이용했다. 이것은 1만 4,000개의 단어들이 인쇄된 작은 플라스틱 조각들을 담고 있는 원형 모양의 도구였는데, 작은 창이 있어 그곳을 통해 몇 개의 단어들을 볼 수 있게 되어 있다. 나는 일단 모든 단어들을 뒤섞은 후, 한 사람에게 싱크탱크 창에 나타난 첫 세 단어를 보게 한 후 다른 사람들을 향해 크게 외치도록 했다.

그리고 나머지 사람들에게 이 세 단어를 이용하여 광고 아이디어를 발표하도록 했다. 예를 들어, 제품이 보물탐지기이고 나온 단어가 '삼촌', '무한궤도장치', '속이다'라면, '무한궤도식 장난감 트랙터에 보물을 숨겨놓고 모든 사람들을 속인 삼촌'이라는 식의 이야기를 구상할 수 있다. 어쨌든 이 방식은 마케팅과 전혀 관계없는 것처럼 보이는 개념들을 서로 연관시켜 판매에 관한 참신힌 이이디어를 노출할 수 있게 해 준다. 이렇듯 관련이 없어 보이는 단어들을 이용하면 제품의 특성에만 초점을 맞추는 전통적인 방식에서 탈피해 새로운 접근을 시도해 볼 수 있다. 싱크탱크는 전통적인 사고방식에서 벗어나 광활한 정신 영역에서 상이한 개념들을 조합시키고 관련시키며 변환시키는 활동을 도와주는 도구이다.

세미나 참가자들은 싱크탱크를 활용하여 아이디어를 창출하는 방법을 신기해하고 재미있게 생각했다. 나는 그 도구를 이용하면서 누군가가 손을 들고 "그건 어디서 살 수 있나요?" 하고 질문해 주기를 기다리고 있었다. 마침내 나는 내가 염두에 두고 있던 여러 사항들을 입증하기 위해 그들에게 구매를 권유해 보기로 했다.

"싱크탱크는 도매가로 19달러 95센트에 불과합니다. 혹시 여기서 원하는 사람이 있으면 손을 들어주세요."

그러자 세미나의 모든 참가자들이 손을 들었다. 예상대로였다. 그 장치는 19달러 95센트 이상의 가치가 있어 보였던 것이다. 창조성을 향상시켜주고 아이디어에 도움을 준다는 측면에서 그 장치는 화젯거리가 될 만한 제품이었을 뿐 아니라, 구매할 가치가 있다고 여겨졌다. 물론 나는 그것을 실제로 팔려고 한 것이 아니라 가격에 관한 실험을 해 보고 있었다. 그 다음에 나는 원점으로 되돌아가 다시 가격을 언급했다.

"네, 실제 가격이 19달러 95센트라면 얼마나 좋겠어요. 사실은 99달러 95센트예요. 여러분에게 농담 한 번 해 본 겁니다. 자, 그러면 이걸 원하시는 분은 다시 손을 들어주세요."

그때 참가자들의 4분의 1이 손을 들었다. 나머지는 망설이고 있는 듯 보였다. 조금 후에는 몇 사람이 더 손을 들었다.

나는 계속해서 이렇게 말했다.

"자, 제 말을 들어보세요. 99달러 95센트는 비싼 가격이 아닙니다. 우선, 삼발이에 장착되어 있는 이 멋진 원통 속에는 작은 플라스틱 조각에 적힌 1만 4,000개나 되는 단어들이 들어 있습니다. 이렇게 생각해 보세요. 여러분이 이 싱크탱크를 이용해 얻은 기발한 아이디어로 광고를 내서 1만 달러를 더 벌 수 있다면 이 정도 가격은 비싼 게 아니죠. 자, 그럼 99달러 95센트의 가격에 이걸 사실 분은 손을 들어주십시오."

그러자 참가자들의 3분의 2가 손을 들었다. 이 수는 19달러 95센트에 원했던 수보다는 적고 내가 설명을 하기 전에 원했던 수보다는 많았다. 이 결과에서 알 수 있듯이 가격을 올리면 판매에 더욱 매진해야 하지만, 결국 낮은 가격대의 판매량에는 이르지 못한다. 이 시점에서 나는 세미나 참가자들에게 이렇게 말했다.

"여기서 우리는 여러 가지 중요한 마케팅 교훈을 얻었습니다. 매우 낮은 가격에서는 제품에 대해 구구절절 많은 것을 설명할 필요가 없습니다. 단지 그 제품을 보여주기만 하면 됩니다. 사람들이 그 제품이 무엇인지 알고 가격에 비해 가치가 크다고 생각하면, 그것이 필요하든 필요하지 않든 그것을 구매합니다. 장황한 세일즈 기술을 구사할 필요가 없고 상세한 제품 설명도 필요 없습니다. 그저 탐욕이 제역할을 하도록 내버려두면 됩니다.

하지만 가치를 증명할 수 있는 정당한 이유를 내세우지 않은 채 가격을 올리면, 소비자의 반응은 급격히 떨어집니다. 구매를 정당화시키는 판매 활동을 벌이면 수요를 창출할 수는 있지요. 다만, 흥미로운 것은 19달러 95센트에서의 판매량 수준까지 끌어올릴 수는 없습니다. 진정한 승리자는 탐욕이라고 할 수 있지요.

가격을 올리면 반응률이 떨어진다는 사실을 명심하십시오. 제품의 가격을 올리면 팔리는 양이 줄어들기 때문에 잠재고객을 교육시키고 설득하는 노력이 필요합니다. 하지만 가격을 떨어뜨려 제품의 가치가 상대적으로 높게 인식되면 오로지 탐욕이 판매의 추진력이 됩니다."

제품을 판매할 때 탐욕은 매우 중요한 요소임을 명심해야 한다. 고객이 생각하는 것보다 제품의 가치가 더 커 보인다면 이 귀중한 방아쇠의 힘이 작용하기 시작할 것이다.

세일즈의 방아쇠 13 탐욕

탐욕은 인간이 상거래를 시작한 이래 지금까지, 구매 행동의 기본적인 심리적 동기 중의 하나로 작용해 왔다. 사람들은 자신의 현재의 능력으로 소유할 수 있는 가치보다 더 큰 가치를 얻고 싶어 한다. 세일즈맨은 인간의 이러한 성향을 유리하게 이용할 수 있는데, 바로 제품 가격을 낮춤으로써 제품의 가치를 높이는 방법이다.

● 실천 지침

- 제품 가격이 품질에 비해 가능한 한 싸 보이도록 제시하라.
- 제품의 가치가 가격보다 높아 보일수록 고객의 탐욕은 강렬해진다는 사실을 명심하라.

14

왕초보를 위한
뇌수술법

이 장에서 소개할 방아쇠와 딱 들어맞는 사건이 1998년 하와이의 마우이공항에서 발생했다. 나는 유나이티드 항공 49편으로 샌프란시스코로 출발할 예정이었다. 그런데 공항 탑승구에 도착하자 수속 창구에서 몇몇 승객들이 돈을 환불받고 있는 광경을 목격했다. 라운지는 매우 혼잡했다.

무슨 일인지 묻기 위해 공항 직원들이 있는 곳으로 다가가자, 비행기에 작동되지 않는 부분이 있어서 아무도 비행기에 탑승하지 못한다는 얘기가 들렸다. 그리고 이렇게 말했다.

"우리는 아직 그 부분을 수리하지 못했고, 연료가 주입되는 동안은 승객을 탑승시킬 수 없습니다."

그러고 나서 그 직원은 확성기를 집어 들고 이렇게 발표했다.

"신사숙녀 여러분. 조종사가 지금 비행을 위한 최종점검을 하느라 비행기의 이상에 대해 설명할 여유가 없습니다. 조종사는 탑승을 원하지 않는 분은 취소해도 좋다고 했습니다."

그러자 승객들 사이에서 웅성거림이 있더니, 20명 쯤 되는 사람들이 비행 예약을 취소하기 위해 카운터로 몰렸다.

"아이고, 이게 무슨 일이람."

나는 막막하게 느껴졌다. 발표가 있은 후, 다른 승객들도 근심 어린 표정을 지었다. 나는 조금 전 발표를 했던 그 사람에게 다시 물었다.

"도대체 무슨 일이 있는 겁니까?"

"APU인가 EPU인가 하는 것 때문이에요. 그게 고장나서 비행기 엔진을 계속 가동시켜야 해요. 그런데 사람들이 이 부분이 안전에 영향을 미치지 않을까 의심하는 겁니다. 게다가 조종사는 나와서 설명할 생각도 안 하구요."

나는 곤경에 처한 그에게 이렇게 말했다.

"내가 승객들에게 발표를 하나 해도 될까요? 나도 비행기를 조종하거든요."

그는 나를 쳐다보더니 안도하는 표정을 짓고는 확성기를 건네

주었다.

"그러세요."

"신사숙녀 여러분, 잠깐 주목해 주시기 바랍니다."

라운지 전체가 조용해지자 나는 발표를 시작했다.

"저도 여러분과 마찬가지로 이 비행기에 탑승할 예정이었던 승객입니다. 하지만 저도 비행기를 조종할 수 있기 때문에 지금 어떤 문제가 있는지 설명할 수 있을 것 같습니다. 비행기가 탑승구 쪽으로 들어올 때는 연료를 절약하기 위해 다른 데서 끌어온 전기를 이용합니다. 그래서 누군가가 비행기로 달려가 비행기 배 부분에 거대한 플러그를 꽂게 되지요. 그 플러그가 바로 APU 혹은 보조동력장치와 연결되어 있는 겁니다. 그것을 APU 플러그라고 하지요. 지금 바로 그 APU가 제대로 작동하고 있지 않은 겁니다. 그래서 지상요원들이 비행기에 연료를 주입하는 동안 엔진을 계속 가동시키고 있는 것입니다. 엔진이 가동되는 상황에서 연료가 주입되고 있다면 비행기에 탑승하는 것이 법으로 금지되어 있습니다. 그렇지만 비행기에는 아무런 문제가 없습니다. 매우 안전합니다. 사실 조종사들은 승객들보다 훨씬 겁쟁이랍니다. 그래서 완벽한 점검을 해 놓지 않으면 절대로 비행을 하지 않습니다.

여러분은 이 비행기로 목적지까지 안전하게 여행하실 수 있을 겁니다. 말씀드린 대로 저도 여러분처럼 승객입니다. 그리고 유나이티드 항공과 아무런 관련이 없습니다. 하지만 우리는 샌프란

시스코까지 안전하게 비행할 거라고 믿습니다. 감사합니다."

그 순간 라운지에 있던 모든 승객들이 박수갈채를 보냈다. 몇 분 전까지만 해도 불안감을 감추지 못했던 승객들의 얼굴에서 안도하는 표정이 역력히 드러났다. 그리고 어느새 비행을 취소하기 위해 카운터에서 대기하고 있던 승객들의 줄도 흐트러졌다. 그때 몇 명의 승무원들이 내게 다가와 감사의 말을 전했다.

"저희가 당할 수 있는 엄청난 손실을 막아주셨어요"

그리고 한 승객은 이렇게 말했다.

"무슨 일을 하시는지 모르겠지만, 제 생각에는 커뮤니케이션 분야에 종사하시는 것 같군요."

나는 유나이티드 항공사에게 예약 취소로 입게 될 수천 달러의 손실을 막아주었다. 그리고 많은 승객들의 걱정과 두려움을 없애주었으며 지상요원들이 혼란스러운 상황을 정리하는 데도 도움을 주었다.

나는 신뢰의 힘을 활용하여 승객의 태도를 완전히 변화시킬 수 있었다. 모든 분야에서 신뢰성은 실제로 강력한 방아쇠이다.

당신이 전해야 할 메시지에서 정직과 성실을 보여줄 수 있다면 신뢰성 구축이라는 목표에 매우 근접해 있다고 할 수 있다. 하지만 신뢰성은 정직과 성실만으로 달성할 수 있는 것은 아니다. 신뢰성에는 믿음직한 요소들이 있어야 한다. 내가 공항에서 발표를 위해 나섰을 때, 나는 다른 사람들과 공유할 지식을 가지고 있는 조종사이자 승객이었다. 따라서 나는 누가 봐도 믿음직스럽게 여겨졌던 것이다. 만일 조종사가 앞에 나섰더라면 그 또한 믿음직스러웠을 것이다. 지상요원은 지식이 부족했기 때문에 파국적으로 치닫는 상황을 막아내지 못했다.

신뢰성은 신용을 의미한다. 소비자는 정말로 당신을 믿고 있을까? 경솔한 언사, 상투적인 말투, 지나친 과장 등은 소비자에게 제품을 소개할 때 필요한 신뢰성을 떨어뜨린다.

신뢰성에 악영향을 미치는 가장 큰 요소 중의 하나는 고객들의 마음속에 발생한 의구심들을 방치함으로써 당신이 무언가를 숨기고 있으며, 제품이나 서비스의 명백한 결함을 회피하고 있다는 인상을 줄 때이다. 당신은 고객이 그런 생각을 떠올리기 전에 먼저 모든 문제점을 제기하고 해결책을 제시해야 한다.

당신은 고객이 제기할 수 있는 의문을 미리 감지하여 그것에 솔직하고 믿음직스럽게 대처할 준비가 되어 있어야 한다. 당신이 판매하는 제품에 대한 소비자의 믿음과 당신에 대한 신뢰는 약화되기 쉽다. 따라서 제품을 설명할 때 확고한 믿음을 주지 못하면 고객은 안심하고 당신의 제품을 구매하지 못할 것이다.

내가 텔레비전 홈쇼핑 채널 QVC에서 제품을 판매할 때는 팔기 까다로운 제품도 비교적 쉽게 팔곤 했다. 그 이유는 QVC가 이미 소비자들에게 상당한 신뢰를 얻고 있었기 때문이었다. 고객들은 QVC에서 판매되는 제품이 훌륭하고 소비자들이 기대하는 품질을 보장해 준다고 확신하고 있었다. 그러므로 QVC에서 다른 제품을 구입해 보고 QVC를 신뢰하게 된 사람들이 새로 소개된 제품을 또 다시 구매하는 빈도가 높았다. QVC에 대한 고객들의 신뢰 덕분에 나는 판매에 상당한 도움을 받았다. 결국 QVC에 대한 신뢰성과 내가 판매할 제품의 신뢰성이 합쳐져 효과는 더욱 강력하게 나타난 것이었다.

광고가 게재되는 신문이나 잡지의 명성도 신뢰성에 영향을 미친다. 세계적인 경제지 〈월스트리트 저널〉에 광고를 게재한다면 그 신문이 쌓아온 확고한 신뢰성뿐 아니라, 독자들을 보호하려는 그들의 엄격한 방침의 덕을 볼 수 있다. 반면 연예전문 주간지인 〈내셔널 인콰이어러〉에 광고를 싣는다면, 그 잡지에 대해 독자들이 가지고 있는 어느 정도의 불신을 감수해야만 한다.

신뢰성은 판매 환경에 의해서도 영향을 받으며 이는 대면판매에서도 마찬가지다. 또한 신뢰성은 브랜드에 의해 크게 좌우되기도 한다. 예를 들어, '소니' 제품과 똑같은 사양과 기능을 가진 '욕스York'라는 전자제품이 판매된다고 치자. 소비자들은 어느 제품을 더 신뢰할까? 당연히 가격이 비싸더라도 소니 제품이 더 잘 팔릴 것이다.

유명인사를 광고에 등장시키는 것도 신뢰성을 높이는 효과적인 방법이다. 회사의 명칭도 신뢰성을 높인다. 한때 컴퓨터를 판매하던 '연장 오두막The Tool Shack'이라는 회사가 있었다. 이 회사의 명칭은 오히려 그들이 판매하는 제품의 신뢰성을 떨어뜨리는 작용을 했다.

나는 우리 회사의 명칭을 사용한 브랜드인 'JS&A'와 그다지 많이 알려지지 않은 또 다른 우리 브랜드인 '소비자 영웅Consumers Hero'의 신뢰성을 비교해 보기 위해 〈월스트리트 저널〉에 동일한 광고를 게재해 본 적이 있다. 이 실험에서 JS&A는 다른 광고보다 월등한 효과가 있음이 드러났다. 회사 명칭이 그 차이를 만든 것이다.

때로는 특정한 도시나 지방이 신뢰성을 더해 준다. 이는 많은 회사들이 대도시에 자리를 잡고 있는 이유 중의 하나이기도 하다. 만일 내가 출판업을 시작한다면 세계적인 출판의 중심지인 뉴욕에 회사를 차릴 것이다. 만일 향수를 판매하려고 한다면 런던, 파리, 뉴욕 아니면 비버리힐스에 사무실을 얻을 것이다.

내가 만일 뇌수술을 받고자 한다면 〈왕초보를 위한 뇌수술법〉이라는 책을 뒤적이는 의사보다는 그 분야에서 최고 실력을 갖춘 의사를 찾을 것이다. 최고의 경력자, 최고의 권위자 그리고 회사의 대표 등이 신뢰를 구축하는 데 매우 중요한 역할을 한다.

내가 소비자들에게 신뢰감을 주기 위해 광고에서 사용하는 기법 중의 하나는 광고 메시지에 전문적인 내용을 덧붙이는 것이다. 내가 제작한 시계 광고에서 시계에 내장되는 집적회로(IC)의 사진 밑에 붙인 설명이 그 좋은 예이다.

한 개의 핀은 새로운 디코더/드라이버 집적회로를 가리키는데, 발진기 카운트다운 집적회로의 입력을 받아 시간을 계산해서 문자판을 작동시킵니다. 센서는 수천 개의 고체소자를 단 한 개의 첨단 장치로 대체했기 때문에 절대적인 신뢰를 보장합니다.

이런 기술적인 설명을 이해할 수 있는 사람은 거의 없다. 실제로 내가 그 광고를 제작한 후 승인을 받기 위해 제조업자에게 보여주자, 그는 아니나 다를까 사진 캡션을 문제 삼았다.

"사진 설명은 정확하게 쓰셨는데요. 이걸 이해할 수 있는 사람이 있을까요? 왜 이런 내용을 넣으시려는 겁니까?"

고객이 이해하기 힘든 기술적인 설명을 제공하는 것은 마케터가 제품에 대해 상세히 알고 있다는 사실을 보여준다. 따라서 그런 사실을 드러내면서 그 제품의 우수성을 제시한다면 그만큼 더 믿음을 줄 수 있다. 이는 구매자 자신이 전문가를 상대하고 있다는 확신을 심어주게 된다. 그래서인지 몰라도 그 시계는 내가 판매했던 제품들 중 가장 잘 팔리는 품목 중의 하나였다.

반드시 기술 제품에만 기술적인 설명이 필요한 것은 아니다. 예를 들면, 내 세미나에 참석했던 프랭크 슐츠는 포도에 관한 광고를 제작했다. 포도는 매우 단순한 제품이다. 하지만 광고에서 그는 품질관리 절차에 대해 언급하면서, 그가 '양의 코'라고 칭했던 줄기에 혹이 생긴 나무의 포도는 취급하지 않는다고 밝혔다.

그는 자신의 전문지식을 드러내기 위한 목적으로 포도에 대해 기술적인 설명을 했던 것이다.

통신판매나 대면판매에서 기술적인 설명은 상대방에게 상당한 믿음을 줄 수 있다. 하지만 당신은 실제로 어느 정도 전문가가 되어야 하며 그런 설명을 할 때 오류가 없어야 한다. 그렇지 않으면 소비자는 금세 당신의 허위를 눈치채고 등을 돌릴 것이다.

판매에서 세일즈맨이 적절한 전문지식을 제공하는 것은 신뢰를 구축하는 데 많은 도움이 된다. 하지만 이 기법이 그저 설명을 위한 설명이 되어버린다면 역효과를 불러일으키고 오히려 신뢰를 떨어뜨릴 수 있다. 기술적인 설명이 장황해지면 고객은 당신과 거리감을 느끼게 되고 집중력을 잃으며 딴청을 피우기 시작할 것이기 때문이다.

신뢰성을 배가시키는 방법은 많다. 그리고 이것은 세일즈 프리젠테이션을 준비할 때나 판매 환경을 조성할 때 고려해야 할 주요 사항이다. 당신이 판매하는 제품에 대한 적절한 기법을 선택하고, 그것들을 세심하게 실천하기 위해 여기에서 제시한 방법들을 점검 항목으로 이용하기 바란다. 판매에서 이런 방법들을 적절히 이용한다면 당신의 세일즈 능력은 한층 막강해질 것이다.

세일즈의 방아쇠 14 신뢰성

당신의 메시지는 믿을 만한가? 당신의 메시지에 의심스런 점이 있다면, 고객은 금세 그걸 알아차릴 가능성이 높다. 당신의 말 한마디, 문장 하나하나는 진실하고 과장되지 않으며 신뢰할 수 있어야 한다는 사실을 명심하라.

○ **실천 지침**
- 당신의 말 한마디, 문장 하나마다 그것들이 정확하고 진실한지 체크하라.
- 법정에서 자신의 주장을 진술한다고 상상해 보라. 그리고 스스로 자신이 유죄인지 무죄인지 판단해 보라.

15

극단적인 열정의 기술

내가 세일즈 과정에서 반드시 언급하는 사항 중의 하나는 고객들이 물건을 받아 본 후, 기대에 미치지 못하면 그것을 반송시켜도 좋다는 내용이다. 이것이 소위 '시험사용기간'이라는 것이다. 하지만 여러 세미나에서 나는 시험시용기간과 유시하면서도 차이가 있는 판매 개선안을 가르쳐주었다. 그것은 내가 '만족확신'이라고 부르는 방안이었다. 언뜻 시험사용기간과 만족확신은 같은 것처럼 보인다. 시험사용기간의 경우, 고객이 일정한 기간 동안 물건을 사용해 보고 만족하지 못하여 반송하면 전액 환불을 해 주는 방식이다. 하지만 만족확신은 이런 개념을 완전히 초월한 것이다.

만족확신은 보통 다음과 같은 메시지를 전달한다.

"저희는 고객님이 이 물건에 분명히 만족하실 거라고 확신합니다. 만약 그렇지 못하시면 놀랍고도 파격적인 보상을 해 드리겠습니다."

만족확신에 관한 나의 제의를 읽은 고객은 보통 다음과 같은 생각을 한다. "이 사람들은 정말 이 제품에 대해 확신하고 있군." 또는 "어떻게 이런 대담한 제안을 할 수 있을까?" 아니면 "이런 파격적인 제안을 하다가 나쁜 고객한테 이용당하기 십상이지." 고객들이 이런 생각을 한다면 내가 계획한 만족확신에 관한 제의를 정확히 전달했다고 볼 수 있다.

예를 하나 들어 보자. 블루블로커 선글라스를 팔기 시작할 때, 나는 텔레비전 광고에서 이렇게 말했다.

"이 선글라스를 받아 보시고 마음에 안 드신다면, 아무 때나 반송해 주십시오. 시험사용기간은 없습니다. 아무 때고 반송하시면 즉시 전액 환불해 드리겠습니다."

이런 제의에 많은 사람들이 이렇게 생각했을 것이다.

"정말 좋은 물건인가 봐. 그렇지 않으면 이런 말을 할 리가 없잖아."

혹은 이런 생각을 했을지도 모른다.

"이런, 저러다가 전부 반송하겠다고 하면 어쩌려고."

어떻게 생각하든 나는 고객이 제품에 만족할 것이며 그런 믿음을 적극적으로 입증하겠다는 확신을 분명히 전달했다고 볼 수 있다.

어떤 광고에서는 이렇게 제안한 적도 있다.

"구매한 물건이 마음에 들지 않으시면 제게 전화 한 통만 주세요. 그러면 제 개인 비용으로 물건을 회수해 올 것이며, 물건 값 전액에 반환에 소요된 시간적 비용도 계산해 드리겠습니다."

그리고 언제인가 이러한 '만족확신'의 효력을 실험해 볼 기회가 있었다.

'소비자 영웅 Consumers Hero'이라는 회사의 광고에서 나는 이월 제품이나 반환되었던 제품과 같은 저가의 물건을 소개하는 잡지의 구독을 소비자들에게 권고했다. 나는 통신판매 광고를 통해 그 잡지를 판매하는 대신 클럽을 조직하여 클럽 회원들에게 잡지의 구독을 권고했다. 700단어로 구성된 광고를 작성하면서 다양한 요소들을 실험해 보았다. 우선 광고 제목을 바꾸어 보는 실험을 통해 독자 반응을 20퍼센트 이상 증가시켰다. 가격도 다양하게 변화시켜 보았는데 가격을 낮출수록 더 많은 주문을 받았다. 하지만 만족확신으로 변화를 주자 반응은 두 배 이상 증가했다. 100퍼센트 이상의 추가 주문을 더 받았던 것이다.

한 광고에서 나는 이렇게 적었다.

"2년간의 구독기간 동안 아무것도 구매하지 않으셨다면 구독료 중 미사용 금액을 환불해 드리겠습니다."

그 다음 번 광고에서는 이렇게 적었다.

"우리로부터 물건을 전혀 구매하지 않았는데 2년간의 구독기간이 만료된다면 어떻게 될까요? 그래도 걱정하지 마십시오. 우리에게 회원 카드만 반납하시면 구독료 전액에 그 동안의 이자까지 덧붙여 환불해 드리겠습니다."

첫 번째 예는 가장 기본적이고 간단한 시험사용기간을 제의한 것이다. 하지만 두 번째 예는 시험사용기간의 한계를 넘어 만족확신에 해당한다고 볼 수 있다.

실험 결과, 만족확신 기법을 광고의 맨 마지막에 이용했음에도 불구하고 고객의 반응은 두 배로 증가했다. 이것은 독자들이 광고를 모두 읽고 구매 결정을 내리기 위해 망설일 때, 광고의 마지막 부분의 만족확신이 고객의 마음속에 남아 있던 구매의 저항 요소들을 퇴치시켰다는 의미이다.

만족확신이라는 심리적 방아쇠는 대면판매에서도 얼마나 효과를 발휘하는지 금방 알 수 있다. 당신은 어떤 제품을 고객에게 열심히 설명하고 서서히 판매를 성사시키려고 할 때 만족확신을 주는 제안으로 고객의 구매 확답을 얻어낼 수 있다. 통신판매 광고에서조차 만족확신 문구로 고객의 반응이 두 배 이상 증가할 정도라면 대면판매에서의 효과는 훨씬 크다.

당신은 고객에게 먼저 팔 제품을 소개한다. 그 제품이 왜 우수하며 왜 그것을 사야 하는지 설명하는 것이다. 그러고 나서 세일즈 메시지의 맨 마지막 부분에 고객을 꼼짝 못하게 사로잡을 극적인 조치를 취해야 한다. 이것은 마치 세일즈맨이 고객에게 구매를 설득한 후 이렇게 말하는 것과 같다.

"지금 이 자리에서 물건을 구매하시면 고객님을 만족시키기 위해 그 어떤 세일즈맨도 할 수 없는 것을 해 드리겠습니다."

가장 이상적인 만족확신의 제안은 고객의 마음속에 의구심이나 저항감을 유발시킨 후 그것을 해결해 주는 것이다. 이 점에 대해서는 4장과 5장에서 다룬 바 있다. 하지만 의구심을 해소할 때는 고객의 예상을 뛰어넘어야 한다. 해결책은 당신이 상대하는 고객을 기쁘게 하고 그들이 가진 마지막 저항감까지 완전히 퇴치하기 위한 당신의 마음을 열성적으로 표출해야 한다.

'소비자 영웅'의 광고에서는 고객이 품고 있는 최후의 저항까지 완전히 해결하려고 했기 때문에 성과를 거둘 수 있었다. 그 광고는 고객이 떠올릴 수 있는 문제를 먼저 제기했다.

"내가 그 회사의 서비스를 이용하지 않고 2년 동안 잡지에 소개된 물건을 구매하지 않는다면 어떻게 될까?"

나는 이 문제에 대해 만족확신이라는 해결책을 제시했고 이는 사람들이 전혀 예상하지 못한 방식이었다.

하지만 만족확신은 판매 제안에 비추어 합당한 것이어야 한다.

당신은 문제를 제기해 놓고 그것을 잘못된 해결로 무마시키고 싶지는 않을 것이다. 오로지 만족확신을 만들어내는 일이 목적이 되어서는 안 된다. 한마디로 만족확신은 상식적인 차원을 벗어나서는 안 된다.

자동차 세일즈맨은 고객에게 이렇게 말함으로써 만족확신을 제시할 수 있다.

"차를 가지고 가셔서 하루 종일 마음대로 사용해 보세요. 저는 이 차가 고객님의 마음에 드실 거라고 확신하기 때문에 제가 없는 상황에서 고객님이 차의 성능을 직접 시험해 보시도록 차를 내드리겠습니다."

만일 제품이 다루기가 복잡하거나 까다롭다면 이렇게 말할 수 있을 것이다.

"제 생각에는 이 장비가 고객님의 회사 발전에 큰 기여를 할 것이며 직원들도 빨리 숙지할 수 있다고 확신합니다. 따라서 시간과 비용이 얼마가 들든지 제 개인 부담으로 직원 각자가 이 장비에 완전히 숙달될 때까지 도와드리겠습니다."

이것은 고객의 예상을 뛰어넘는 파격적인 제안이기 때문에 세일즈맨의 열정과 만족확신을 보여준다고 할 수 있다.

만족확신은 어떤 판매에서나 필요하지만 그 중요성을 인식하고 있는 사람은 많지 않다. 나는 이런 주제를 다룬 세일즈나 심리학 관련 책을 본 적이 없다. 하지만 당신이 강력한 만족확신을 만들어 제시할 수 있다면 무엇을 팔든 이 간단한 심리 방아쇠는 판매 증진에 큰 도움이 될 것이다.

가장 중요한 것은 고객이 상식적으로 기대할 수 있는 것이나 다른 세일즈맨도 제안할 만한 것을 뛰어넘는 만족확신을 제공하여 고객의 마음속에 제기되는 저항감을 완전히 해결함으로써 판매를 확실하게 마무리해야 한다는 점이다.

세일즈의 방아쇠 15 **만족확신**

만족확신은 종종 고객의 반응을 배가시킬 수 있는 방아쇠이다. 흔히 제품을 판매할 때 고객이 물건에 만족하지 않으면 돈을 환불해 주는 '시험사용기간'이라는 전략을 사용하는데, 만족확신은 그보다 훨씬 효과가 강력하다. 만족확신의 요지는 이렇다.

"우리는 제품의 우수성을 전적으로 확신하기 때문에 자칫 큰 손해를 입을 수도 있는 파격적인 제의를 함으로써 고객의 만족을 보장한다."

● **실천 지침**

- 오로지 제품이나 서비스가 너무도 우수하기 때문에 당신이 구매를 권유한다는 믿음을 갖도록 만족확신을 제의하라.

16

대중의 환상과 마케팅 아이디어

내가 마케팅에 이용한 중요한 기법들 중에 '링킹 linking'이라는 방식이 있다. 이것은 새로운 제품을 쉽게 이해시키고 소개하기 위해 소비자들이 이미 알고 있거나 이해하고 있는 것과 제품을 연관시키는 기법이다.

링킹이라는 심리적 방아쇠를 간단히 설명하면, 어떤 유행이나 현상과 결부시켜 제품을 설명하고 알리는 방식을 의미한다.

유행은 대중을 사로잡아 엄청난 수요뿐 아니라, 간혹 의식과 행동 변화까지 몰고 오기도 한다. 1998년의 비니베이비(Beanie

Babies; 1994년에 만들어져 폭발적 인기를 끌었던 인형)나 70년대의 시티즌밴드 라디오(CB Radio; 개인들이 이용하는 단거리용 무선기기) 같은 제품의 인기가 그런 사례라고 할 수 있다. 또한 유행은 1998년의 비아그라 열풍처럼 제품이나 개념에 대해 강렬한 의식을 불러일으키거나, 1960년대 말 여성해방운동 기간 중에 여성들이 브래지어를 벗어던져버렸던 것과 같은 행동에서의 변화를 일으키기도 한다.

특정한 산업 분야에서도 유행이 일어날 수 있다. 가령 헬스 산업에서 뱃살빼기 기구가 유행한다면, 다른 분야의 제품은 헬스에 관한 정보를 담은 마케팅을 활용하면 덩달아 팔리는 효과를 얻을 수 있을 것이다.

유행은 대체로 갑자기 도래했다가 금세 사라져버린다. 링킹의 가상 기본적이고 명확한 측면을 이해하기 위해서는 몇몇 유행 사례들을 살펴보아야 한다. 그리고 그것을 좀 더 깊이 파고 들어가 제품이나 서비스를 효과적으로 마케팅하는 데 링킹을 이용하는 방법을 알아보기로 하자.

우선, 유행 사례들과 함께 링킹 기법이 어떻게 작용하는지 알아보자. 내가 보스턴 출신의 다이렉트 마케팅 종사자인 리처드 길포일이라는 사람과 겪었던 경험은 일시적인 유행을 어떻게 파악해야 하고 어떤 조치를 취해야 하는지 잘 보여준다. 리처드는 역사 인식이 뚜렷한 사람으로서 주로 미국의 역사적 유물의 복제품을 판매했다. 예를 들면, 미국독립전쟁의 영웅 폴 리비어의 랜턴, 밸리 포지에 있는 조지 워싱턴의 동상, 독립전쟁 당시의 소금과 후추 세트 등 그의 회사는 날로 번창하고 있었다.

미국이 독립 200주년을 기념할 준비를 하고 있을 때, 그가 판매하는 제품들은 국가의 탄생을 축하하는 좋은 기념물이었다. 판매는 성황을 이루었다. 리처드는 미국의 독립 200주년을 맞이하여 일어나는 유행의 바람을 타고 있었다.

그러다가 갑자기 사업이 바닥으로 치닫기 시작했다. 판매는 급격히 떨어졌고 그는 그 이유를 알지 못했다. 그 상황은 독립 200주년 기념일 직전에 벌어졌는데, 곤두박질 친 판매율은 도무지 회복의 기미가 보이지 않았다.

그는 매우 낙담한 상태에서 나의 세미나에 참석했다. 왜 매출이 급락한 것일까? 나는 "사람들이 당신의 제품들을 오로지 독립기념일과 연관시키기 때문일지 모른다"고 얘기해 주었다. 이제 그 날짜가 이미 지났으므로 판매 하락 역시 그런 인식을 반영한 것일 수 있다고 했다.

하지만 리처드는 그런 것 같지 않다고 말했다.

"저의 제품들은 역사적 의미를 담고 있지, 200주년 기념일과는 상관이 없어요."

나는 그가 낸 광고를 보고 문제가 있으면 지적해 주겠다고 제의했다. 그의 광고를 검토해 보니 대체로 훌륭했지만 예상했던 뚜렷한 문제점이 발견되었다. 그의 광고는 소비자들이 그의 제품을 소장할 가치가 있는 미국 역사의 상징물로 인식하기보다는, 미국의 독립 200주년 기념일의 흥분을 표시하는 상징물로 여기기 쉽게 짜여져 있었다.

세미나에 참석하고 나서 얼마 후, 그는 다른 제품에 관한 새로 준비한 광고들을 내게 보여주었다. 그 중 하나는 폴 리버어의 랜턴을 복제한 작은 목걸이 광고였는데, 그 중앙에는 등불의 빛을 나타내는 작은 다이아몬드가 박혀 있었다. 그것은 아름다운 다이아몬드 제품이었다.

나는 그 광고를 읽은 후 이렇게 말했다.

"이 광고는 히트할 수 있을 것 같네요. 상당한 효과가 있을 거예요. 하지만 그건 이 목걸이가 역사적 의미를 담고 있기 때문이 아니라 아름다운 보석이기 때문입니다. 리처드, 당신은 미국의 훌륭한 상징을 팔고 있는 게 아니라 보석을 팔고 있는 겁니다."

예상대로 그 광고는 큰 성공을 거두었다. 그것을 계기로 그는 강력한 유행이 어떻게 일순간에 사라지는지 이해하게 되었다. 그리고 때로는 유행이 유행으로 인식되지 않을 수 있다는 사실도 분명하게 깨달았다.

내가 몇몇 고객들의 홍보활동을 대행하고 있을 때, 나는 대중의 관심을 촉진시킬 방안으로 유행을 이용했다. 그중 스키리조트를 소유하고 있던 어떤 사람은 스노모빌에 대해 널리 알리고 싶어 했다. 당시는 여성해방운동이 일어 그 열기가 거세던 때였다. 나는 리조트 소유자에게 여성 스노모빌 운전자에 대한 금지조치를 취하라고 조언했다. 그리고 나는 언론에 이 사실을 담은 보도자료를 당당히 배포했다. 그러자 이 문제에 대한 전국적인 관심이 일기 시작했다. 그리고 나서 금지조치를 해제하자 스노모빌의 판매가 급증하기 시작했다. 간단히 말해서, 마케팅의 문제를 일시적 유행과 역으로 연결시켜 대중의 관심을 촉발시킴으로써 판매를 증가시킨 것이다.

그 사례와 거의 동시에 나의 또 다른 고객 중 한 사람인 제리 허먼은 노스웨스턴 대학 인근에서 즉석 피자 가게를 운영하고 있었는데, 그 역시 자신이 만드는 피자에 대한 인지도를 높이고 싶어 했다. 당시 여성들 사이에서 불고 있던 또 하나의 기이한 유행은 브래지어를 벗어던지고 노브라 차림으로 다니는 것이었다. 나는 제리에게 그런 유행과 연결시킬 방안으로 브래지어 모양의 피자를 만들어보라고 주문했다. 그것을 실행에 옮긴 그의 가게 역시 대중의 커다란 관심을 모으며 주문이 폭주했다.

훗날 역시 마케팅의 일환으로 사람들의 의식에 관한 유행을 이용해 보았다. 당시 미국의 대통령이 선거에서 상대 진영의 모든 전화 통화를 기록하기 위해 도청 장비를 사용하고 있었음이 발각되었을 때, 전국적으로 엄청난 반향이 일어났다. 당시 나는 누구나가 전화를 도청할 수 있는 장비를 만들어, "전화를 도청하라"

라는 제목의 광고를 제작하여 〈월스트리트 저널〉에 게재하였다.

그 광고는 엄청난 효과를 불러일으켰다. 판매가 폭발적으로 이어지던 어느 날, FBI에서 나를 찾아와 〈월스트리트 저널〉에 다시는 그 광고를 내지 말라며 으름장을 놓았다. FBI가 제제하지만 않았다면 그후로도 나는 그 장비를 엄청나게 팔았을 것이다.

거의 같은 시기에 나는 또 다른 유행을 포착해 이용했다. 당시 미국에서는 CB 무전기가 한창 유행했는데, 나는 워키토키를 판매했다. 워키토키는 CB와 같은 주파수대를 이용하기 때문에 워키토키를 포켓용 CB라고 광고함으로써 CB 시장의 상당 부분을 점유할 수 있었다.

어떤 사안이 대중에게 널리 알려져 있고 유행할 소지가 다분하다면 제품을 홍보하거나 대중의 관심을 끌 목적으로 그것을 마케팅과 연결시키는 좋은 기회가 될 수 있다.

수년 전 발기부전 치료제인 비아그라가 나왔을 때는 블루블로커 선글라스를 널리 알릴 기회가 되었다. 언뜻 들으면 둘 사이에 무슨 관계가 있는지 의아할 것이다. 하지만 그 약을 복용한 일부 남성들에게서 시력이 떨어지고 눈이 민감해지며 사물이 푸른 색조를 띠는 세 가지 현상의 부작용이 나타났다. 그런데 선글라스가 바로 이 세 가지 부작용을 완화시켜주는 것으로 밝혀졌다. 우리는 이것을 블루블로커를 히트시킬 중요한 기회로 간주하고 미디어를 통해 이 사실을 광고했다. 그러자 세계 각지에서 큰 관심이 일어나며 우리 선글라스가 날개 돋친 듯이 팔려나갔다.

비아그라와 관련된 또 하나의 예가 있다. 나는 비아그라의 사용으로 또 다시 베이비붐이 발생할 수 있다고 생각했다. 2,000만 개의 알약이 처방되어 남성들이 더욱 강력한 화력을 지니게 되었으니 당연히 그 가능성이 높지 않겠는가? 나는 나의 고객이었던 〈석세스〉 잡지에 연락해서 비아그라로 인한 베이비붐의 가능성과 그 약이 경제에 미치는 효과 및 생활양식의 변화 등을 기사로 다룰 필요가 있다고 조언했다. 그들은 그 아이디어를 마음에 들어 했고 다음 호에 그 기사를 실어 큰 호응을 얻었다.

일시적 유행은 매우 강력하다. 당신은 이제 링킹 기법의 기본 개념을 이해했을 것이다. 하지만 별다른 유행을 찾을 수 없을 때 이 기법이 무슨 소용이 있을까? 그리고 대면판매에서는 이 방아쇠를 어떻게 이용할 수 있을까?

나는 새로운 제품이나 새로운 개념의 기능을 소개할 때 항상 링킹 기법을 사용한다. 나는 고객에게 친숙한 것을 찾아내고 그것을 판매할 제품과 연결시켜 고객의 마음속에 일종의 가교를 세워놓는다. 그러면 고객은 새로운 제품을 이해하는 데 특별히 많은 생각을 할 필요가 없게 된다. 그 제품은 고객의 요구와 쉽게 관련을 맺게 되는 것이다.

연기감지기 광고가 이 과정을 잘 보여준다. 나는 광고의 제목을 "코"라고 붙였다. 연기감지기를 단순히 연기감지기가 아니라

(유사 제품들이 이미 시중에 많이 나와 있었다), 천장에 붙어서 연기의 냄새를 맡는 코에 비유한 것이다. 그 장치는 냄새를 맡으면 경보를 발신하게 되어 있었다. 나는 신체의 일부로서 그 개념과 기능을 누구나 쉽게 이해할 수 있는 코에 링크시킨 것이다.

광고에서 품질을 표현하는 데도 링킹 기법은 이용된다. 예를 들어, 나는 어떤 집적회로를 설명할 때 그 접합 부위에 금을 사용한다고 밝혔다. 고객은 금의 가격과 품질을 그 제품과 연결시켜 제품의 품질에 대해 긍정적인 이미지를 갖게 되고 제품의 높은 가격에 대해서도 정당화될 수 있다. 사실은 모든 집적회로의 접합 부위에 금을 사용하기 때문에 그 제품이 획기적이라고 할 수는 없었다. 하지만 그런 사실을 소비자에게 일일이 설명할 만큼 치밀한 마케터는 없었다.

나는 굉장히 다양한 방식으로 링킹 기법을 이용했다. 나는 한때 자동차의 원격시동장치를 판매한 적이 있는데, 이것은 버튼을 누르면 시동이 자동적으로 걸리는 장치였다. 나는 그 제품을 '마피아식 시동장치'라고 명명했다. 당신은 이 명칭에 어떤 링킹 기법이 이용되었는지 짐작할 수 있는가? 아마 쉽게 생각해 낼 수 없을 것이다. 나는 그 의미를 광고에서 설명했다. 마피아들은 흔히 정적을 제거할 때 차량 폭탄을 이용한다. 하지만 이 장치는 먼 거리에서도 차의 시동을 걸 수 있기 때문에 마피아 단원이라면 그런 두려움을 갖지 않고도 이 리모콘으로 차의 시동을 걸 수 있을 것이다. 물론, 일반인들에게는 아주 덥거나 추운 날씨에 미리 시동을 걸어서 차 안의 온도를 쾌적하게 해 놓은 다음 승차할 수 있는 편리함을 제공한다. 어쨌든 지금은 흔한 도구가 된 그 제품의 첫 포지셔닝을 소비자들이 쉽게 이해할 수 있는 마피아와 연결시킨 것이다. 이밖에도 수백 가지의 예가 있다. 하지만 링킹 기법에 대해 기억해야 할 주요 포인트는 당신이 판매할 제품이나 서비스를 고객이 쉽게 이해할 수 있는 것과 연관시켜야 한다는 점이다.

대체로 시중의 많은 신제품들이 이전에 팔리던 제품들을 간단히 개선한 것들이다. 따라서 신제품을 프리젠테이션하기 위해서는 무엇인가와 적절히 연결시킬 방안을 마련해야 한다.

링킹 기법을 사용하기가 가장 어려운 것이 소위 기적의 제품이다. 그야말로 성능이 너무 좋아서 믿기 힘든 제품의 경우이다. 한때 나는 자동차 연료탱크에 넣는 작은 캡슐을 판매한 적이 있었다. 이 캡슐의 성분은 자동차 연비를 향상시키고 엔진을 깨끗하게 해 주며 무연휘발유보다 10배의 연료첨가제가 더 함유되어 있었다. 이 캡슐은 정말 기적의 제품이어서 시장에 존재하는 그 무엇과도 연결시키기가 힘들었다. 우리는 고심 끝에 "당신의 차에 필요한 비타민"과 "엔진을 캡슐 하나로 순결하게"와 같은 링킹 문구를 만들었다. 결국 마케팅은 대성공을 거두었다.

자신이 축적한 경험과 지식을 일상적으로 이용하는 무언가와 연계시키는 인간의 기본적인 감정 시스템이 바로 링킹이다. 인간은 종종 기억 속에 있는 것들을 서로 연관시키기도 한다. 나는 케네디 대통령이 사망했던 때를 생생히 기억한다. 그리고 바로 그 순간에 내가 어디에 있었고 어떤 혼란과 고통과 감정을 느꼈는지 기억하고 있다. 나는 오랜 시간이 흘러서도 모든 이미지와 감정을 그 순간과 연결시키곤 했다.

나는 고등학교 때 여자친구와 등산을 하면서 숲 속에서 느꼈던 감정과 시간과 장소를 정확히 기억한다. 그녀와 함께 인생이나 마음속 깊이 품고 있는 환상적인 꿈에 대해 이야기를 나눴던 것도 기억한다. 나의 꿈은 크게 성공해서 멋진 스포츠카를 갖고 아름다운 열대 섬에 살면서 언젠가 소설을 써보겠다는 것이었다. 여자친구는 자신의 꿈이 브라질 축구팀 전체와 섹스를 해 보는 것이라고 털어놓았다.

대면판매에서 링킹 기법이 어떻게 작용하는지 이해하기 바란다. 고객에게 제품이나 서비스를 소개할 때, 고객이 쉽게 이해할 수 있고 고객과 직접 관련지을 수 있는 무언가와 연결시키면 판매가 큰 효과가 있을 것임은 분명한 사실이다.

세일즈의 방아쇠 16 **링킹**

신제품을 쉽게 이해시키고 친근감을 주기 위해 소비자가 이미 알고 있거나 이해하고 있는 것과 제품을 연관시키는 기법이다. 이 기법은 제품의 가치를 높여주는 것과 제품을 동일시하거나 현재 유행하는 것과 연결시키는 데에도 이용된다. 링킹은 지식이나 경험을 저장하고 그런 것들을 일상의 여러 상황과 관련시키는 인간의 기초적인 감정 시스템이기도 한다.

● **실천 지침**
- 당신의 제품이나 서비스의 부가가치를 높여주거나 고객이 이미 알고 있는 것과 제품을 동일시할 수 있는 연관 요소들을 찾아내라.

전국 은둔자 협의회

　이번 장에서 소개할 심리적 방아쇠를 이해하는 데 다시 한 번 짚고 넘어가야 할 사항들이 있다. 우선, 앞서 밝힌 대로 고객은 감정적 차원에서 물건을 구매한다. 그리고 고객은 논리적 근거를 들어 자신의 감정적인 구매를 정당화한다. 그런데 여기에 한 가지 특이한 점이 있다.

　사람들은 보통 구매를 정당화하는 논리적 근거는 정확히 알고 있지만, 자신의 감정적 이유는 잘 인식하지 못한다.

　사람들은 왜 벤츠 자동차를 소유하려고 할까? 왜 말보로 담배를 피울까? 왜 유행이 생기는 것일까? 그 이유는 사람들이 잠재의식 속에서 그런 특정한 제품을 소유한 사람들의 집단에 소속되기를 희망하기 때문이다.

말보로 흡연자들은 잠재의식 속에서 그 담배 광고가 만들어낸 미국 서부의 야성적인 이미지를 지닌 흡연자 그룹의 일원이 되고 싶어 한다. 벤츠 자동차를 사는 많은 사람들은 이미 그 차를 타고 있는 성공한 집단이나 부유층의 일원이 되고 싶은 욕망을 갖고 있다. 혹시 특별한 브레이크 장치나 가속장치 때문에 그 차를 구매한다고 생각할지도 모르겠다. 하지만 천만의 말씀이다. 벤츠의 소비자들은 다른 일반 자동차들보다 기껏해야 성능이 조금 더 나은 자동차를 타기 위해 훨씬 많은 돈을 지불하고 있는 것이다. 일반 자동차들도 벤츠와 똑같은 속도로 똑같은 목적지에 도달할 수 있다. 하지만 대단히 현명한 사람들이 벤츠 자동차를 서슴없이 구매한다.

이런 제품을 열거하자면 끝도 없다. 이미 확고한 명성을 구축한 제품 이름을 하나만 대보라. 그러면 잠재의식적 가치체계의 어딘가에서 그 제품을 이미 소유한 집단에 소속되려는 열망을 지닌 구매자는 얼마든지 찾을 수 있다. 패션, 자동차, 담배, 각종 기기 등 어떤 종류의 제품이든 특정 브랜드를 구매하는 소비자의 동기는 이미 그 브랜드를 소유한 집단에 소속되고자 하는 욕망때문이다. 욕망 이외의 그 무엇도 아니다.

볼보 사社는 자체 조사를 통해 자동차 제조회사 중에 자사 고객층의 교육수준이 가장 높다는 사실을 발견한 후, 그 점을 널리 홍보했다. 그리고 나서 몇 년이 지나서 같은 조사를 실시했는데 그 비율이 더욱 올라갔다. 내 생각에 비율이 올라간 이유는 새로운 구매자들의 상당수가 그 자동차를 교육 수준이 높은 사람들이 사는 자동차로 인식했기 때문이었다. 그들은 볼보를 소유한 집단에 소속되기를 원했던 것이다.

내 세미나에 참석한 이들은 이런 질문을 한다.

"그렇다면 은둔자는 어떨까요? 그런 사람들이 소속에 대한 욕망을 갖고 있다고 볼 수는 없겠죠?"

그 질문에 대한 나의 대답은 이렇다. 은둔자도 은둔자로 자처하는 사람들에 소속되기를 원한다. 그리고 그런 바람을 가지고 있는 은둔자의 수도 적지 않을 것이다. 집단에 소속된다고 해서 반드시 누군가와 무언가를 공유해야 한다거나 사교성을 갖추어야 한다는 의미가 아니다. 이런 심리의 정확한 표현은 아마 '동일시하다'일 것이다. 벤츠의 구매자는 벤츠를 소유한 집단이나 계층과 자신을 동일시하려고 한다.

한때 미국에서 롤스로이스 자동차를 소유하는 것은 최고의 사회적 지위의 상징이었다. 나는 사람들이 롤스로이스의 소유자를 부러워하는 걸 보고는 매우 놀랐다. 미국 중부지역에서 어린시절을 보내며 자동차에 대해 별 개념이 없었던 나로서는 미국 서부

지역 사람들이 그 자동차에 사족을 못 쓴다는 사실이 굉장한 문화적 충격이었다. 당시 롤스로이스는 가장 보수적이고 구식처럼 보이는 자동차 중의 하나였기 때문이다.

특정 제품을 소유한 집단과 자신을 동일시하고 그 집단의 일원이 되고자 하는 소비자의 욕망은 세일즈와 마케팅에 이용할 수 있는 강력한 방아쇠들 중의 하나이다.

예를 들어, 어떤 고객이 특정 브랜드의 제품을 구매하고자 한다면, 그 사람은 자신이 소속되고 싶은 집단에 대한 심리를 드러내는 것이다. 그러면 당신은 이미 그 제품을 구매한 집단의 특성을 파악해 두고, 고객이 그 집단에 들어가려는 모든 감정적인 이유를 염두에 두면서 프리젠테이션을 준비해야 할 것이다.

벤츠의 예를 보자. 벤츠를 구매하는 사람은 아마도 양질의 서비스와 품질을 즐기는 부유층으로 대접받고 싶어 할 것이다. 당신은 이것을 기억하고 그 차를 구매하는 개인이 구매의 일부로서 기대하는 부자의 여유를 만끽하게 해 주는 서비스와 옵션, 특혜를 제공해 주어야 한다.

고객은 보기 드문 특별한 서비스를 기대할지도 모른다. 차가 수리 중일 때 다른 고급 차를 대여해 주는 서비스 같은 것 말이다. 또 도로에서 차에 이상이 생기면 즉각적으로 처리해 주는 무료 서비스를 기대할 수도 있다. 부자들만이 요구할 수 있는 다른 부가서비스를 받고 싶어 할 수 있다. 선물로는 값싼 열쇠고리보다 값비싼 만년필이나 시계 세트가 바람직할지도 모른다.

이런 사항들은 대체로 상식적인 것이다. 하지만 너무나 종종 우리는 고객이 특정 제품을 구매하는 핵심 동기를 파악하지 못한다. 사실 고객은 구매 과정에서 심리적 특성을 그대로 드러낸다. 특정한 제품, 잡지, 서비스, 심지어 거주지에 대해서 생각해 보라. 그런 제품이나 서비스를 구매하는 사람들은 어떠한 심리적 특성을 갖고 있을까? 그 거주지에 사는 사람들은 어떠한 심리적 특성을 갖고 있을까? 이런 질문에 대한 대답은 고객을 상대할 때 필요한 유익한 아이디어가 된다. 그리고 고객이 당신의 제품을 구매하는 실질적인 동기를 파악하는 데도 도움이 된다. 이렇듯 당신의 제품이 갖고 있는 감정적인 매력에 관한 단서들이 고객의 특성과 소유 성향에 관한 단서들과 부합될 때 가장 기초적이고 중요한 마케팅의 무기가 된다.

과학적인 분야에 해당하는 다이렉트 마케팅에서는 우편물을 발송할 때, 그 효과를 극대화하기 위해 고객의 명단을 인구통계학과 심리통계학에 근거하여 분류한다. 예를 들면, 전자제품을 판다면 고객은 〈파퓰러 사이언스〉지를 구독하고 있는 사람들이나, 혹은 최근에 카메라를 산 사람이나 비행기를 조종할 수 있는 사람들을 대상으로 삼을 수 있다. 그렇다면 비행기 조종사들, 〈파퓰러 사이언스〉 구독자들, 최근에 카메라를 구입한 사람들의 명단을 취합하여 공통된 하나의 마케팅 그룹 명칭을 붙여야 할 것이다. 이런 작업은 잠재고객을 목표로 삼을 때 매우 효과적이다. 이것은 마치 6장에서 제시한 예처럼, 텔레비전을 파는 전자제품 매장을 방문한 잠재고객이 텔레비전 채널을 돌릴 때까지 기다리는 것과 비슷하다.

마지막 예는 내가 새로 만든 〈가제트〉라는 카탈로그를 통해 전자기기를 판매할 때, 가장 이상적인 고객 집단을 찾아냈던 경우이다. 이 카탈로그 제품은 '1-800 가제트'라는 무료전화 서비스를 통해 주문을 받았고, 카탈로그에는 각종 기기를 사용해 본 나의 경험담도 실었다. 나는 다음의 두 가지 중 하나에 해당하는 사람에게는 기기를 다루는 능력을 인정해 주는 '만물박사'라는 특별한 자격증을 제공해 준다는 장난기 섞인 광고를 실었다.

첫 번째: 여러분 중에는 전기공학 학위에다 멀티엔진 비행조종사 자격증을 가지고 있으며, 아마추어 무선통신사이면서 노련한 아마추어 사진가가 있을 것입니다. 이 자격조건들을 모두 갖춘 분은 아주 드물 것이고, 심지어 하나라도 갖추고 있는 분도 많지 않을 것입니다. 그래서 좀 더 수월한 두 번째 영역을 만들었습니다.

두 번째: 이 카탈로그에서 제품을 하나라도 구매하시면 특별한 자격을 부여해 드립니다. 무엇을 구매하시든, 심지어 글을 읽을 줄 모르더라도 물건을 주문하시면 자격을 부여받을 수 있습니다.

이 둘 중 하나만 통과하십시오. 그러면 우리는 당신에게 자격증을 보내드립니다. 이 자격증을 벽에 걸어놓으세요. 그래서 당신이 엄격한 자격조건에 통과하여 공식 만물박사로 인정받았다는 사실을 자랑스럽게 알리세요.

광고 후 100명 가량의 사람들이 첫 번째에 열거한 엄격한 조건들에 딱 맞는 자격에 관련된 자료들을 보내왔다.

내가 첫 번째에 열거한 자격조건들은 실제로 내게 해당되는 것들이다. 나는 전기공학 학위를 받지는 않았지만, 군대에 가기 전까지 3년 반 동안 대학에서 전기공학을 공부했다. 그밖의 모든 사항들은 내가 자격증을 가졌거나 능숙하게 할 수 있는 것들이다. 나는 멀티엔진 비행조종사이고 아마추어 무선사로서 활발하게 활동해 왔으며 경험 많은 아마추어 사진가이다. 나는 각종 기기에 대해 나와 같은 취향을 가지고 있을 뿐 아니라, 그런 기기를 다루면서 나와 비슷한 경험을 가진 기기 애호가들을 찾았던 것이다. 그들은 나의 그룹에 소속된 사람들이다.

소속에 대한 열망은 특정한 제품이나 서비스의 구매를 결정짓는 강력한 심리적 방아쇠 중의 하나이다. 고객이 어떤 집단에 소속되고 싶어 하는지 파악하여 고객의 요구와 욕망을 제품의 매력과 부합시키는 방식으로 이 심리적 방아쇠를 유용하게 이용하기 바란다.

세일즈의 방아쇠 17 소속 욕구

사람들이 특정한 상품이나 브랜드를 구매하는 강력한 심리적 이유는 특정한 집단에 소속되고자 하는 욕구 때문이다. 그들은 특정 브랜드를 이미 구매한 사람들의 그룹에 소속되기를 원한다. 특정한 물건을 소유한 그룹의 일원이 되어 그들과 똑같은 인식과 대우를 받고 싶어 동일한 물건을 구입하는 것이다.

○ **실천 지침**

- 당신의 제품과 동일하거나 비슷한 제품을 소유한 집단의 성향을 파악하라.
- 그들이 그 제품을 구매한 심리적 이유를 나열해 보라.
- 새로운 잠재고객을 만나 당신의 제품을 설명할 때, 그 정보를 이용하라.

비행기 꼬리날개를
수집하기 쉬운 이유

    다이렉트 마케팅으로 판매하는 제품 중에서는 수집용 제품으로 분류되는 것들이 있다. 과거에 다이렉트 마케터들이 판매하는 수집용 제품으로는 우표, 접시, 인형, 동전 등이 고작이었다. 이 분야는 대단히 건전하고 수익도 짭짤한 틈새시장에 해당되었다. 이런 종류의 품목들을 구매할 때 충동적인 감정이 개입된다는 점은 쉽게 이해할 수 있을 것이다. 하지만 놀라운 사실은 오늘날에는 거의 모든 제품 거래에서 '수집'이 구매 행위의 주요 동기가 된다는 점이다.

통신판매를 통해 손목시계를 판매했던 나의 경험을 예로 들어 보자. 손목시계를 아주 좋아하는 사람은 언제고 다른 시계를 살 가능성이 높다. 나는 시계를 소개하는 카탈로그를 우편으로 보낼 때, 보통 내게서 이전에 이런저런 제품들을 구매한 고객들을 중심으로 발송했다. 그리고 발송 명단에서 절대로 빠뜨리지 않는 고객은 이전에 내게 시계를 주문했던 사람들이었다.

시계를 판매할 때 가장 유망한 잠재고객들은 이미 내게서 시계를 구매한 사람들이다. 이미 시계를 구입했는데 왜 또 사겠는가 하고 의심이 들지도 모른다. 하지만 시계를 이미 구입한 사람이 또 시계를 구입한다. 많은 사람들이 시계를 '수집'하고 있는 것이다. 시계, 선글라스, 청바지, 비디오나 CD 그리고 심지어 하와이 셔츠에 이르기까지 여러 개나 여러 장을 소장하고 있는 사람들이 많다. 그런 물건을 대자면 끝이 없을 것이다.

나는 홈쇼핑 채널인 QVC 시청자들 중에 인형을 수집하는 사람들이 적지 않다는 사실에 놀라곤 한다. 그들 중 일부는 이미 어린 시절의 기억이 가물가물하게 느껴질 중년의 여성들이지만, 그들은 열광적인 수집가들이다. 그들은 인형을 수십 개씩 가지고 있다.

QVC에서 판매하는 자동차 모형은 남성들 사이에서 가장 인기 있는 수집품 중의 하나이다. 그리고 내가 판매한 블루블로커 선글라스를 모델별로 여러 개씩 가지고 있는 소비자들도 수천 명은 될 것으로 짐작된다.

나의 요점은 미디어 광고를 이용하든 홈쇼핑을 통하든 대면판매든 어떤 방식의 판매를 하든, 그리고 그 이유가 무엇이든 특정 제품을 시리즈로 구매하는 잠재고객층이 존재한다는 것이다. 그들은 이런 제품들을 구매하면서 큰 기쁨과 만족을 느낀다. 그리고 개중에는 일상생활에 꼭 필요한 실용제품을 수집하는 사람들도 있다.

자동차를 수집하는 사람들에 대해 생각해 보자. 그런 여유를 가진 미국 사람들 중에는 실제로 자동차 수백 대를 가지고 있는 사람들도 있다. 그들은 도대체 어떤 감정적 욕구를 충족시키기 위해 값비싼 자동차를 수집하는 것일까?

다이렉트 마케터들이 고객의 수집 본능을 이용하여 판매를 증가시키는 방법 중의 하나는 판매할 때 그 제품을 소장할 수 있는 케이스를 무료로 제공해 주는 것이다.

나는 다이렉트 메일(DM)을 통해 수집품만을 전문적으로 판매하여 성공한 프랭클린 민트라는 회사로부터 항공사 로고가 들어간 은으로 만든 비행기 꼬리날개를 주문한 경험이 있다. 나는 비행기 꼬리날개에 관심이 있기보다는 그 회사의 판매 프로그램을 파악하기 위해 그것을 수집하기 시작했다.

20센티미터 정도의 평평한 꼬리날개는 순은으로 만들어져 가치가 있었다. 꼬리날개에는 항공사 로고와 상징이 들어간 수직 꼬리가 솟아 있었다. 그리고 꼬리날개마다 항공사별로 다른 로고가 새겨져 있었다. 폭은 불과 수 센티미터에 불과했고 무게는 30그램이 채 안 되었지만, 은으로 만들어졌기 때문에 값이 꽤 나갈 것으로 보였다.

그것을 주문하자 호두나무로 만든 서랍이 4개 달린 아름다운 수제품 케이스가 함께 왔는데, 각 서랍마다 비행기 꼬리날개가 딱 맞춰 들어가도록 여러 개의 꼬리날개 모양의 홈이 패어 있었다. 그 케이스는 상당히 고급스럽게 보였기 때문에 마음 한구석에서 죄책감 비슷한 감정이 생겼다. 나는 프랭클린 민트 사에 그 케이스를 보내준 것에 대한 감사의 표시로 무언가를 해야 될 것 같은 생각이 들었다. 이를 테면 나머지 서랍을 비행기 꼬리로 채워줘야 한다는 느낌이 어렴풋이 들었던 것이다.

독자들은 내가 과장하고 있다고 생각할지 모르겠지만, 나는 그 케이스를 받았을 때 실제로 그런 느낌이 들었다. 그리고 마음속에서 또 다른 감정이 솟아올랐다. 비행기 꼬리날개를 꽂을 수 있는 서랍의 모든 빈 공간을 아예 다 채우고 싶다는 열망이 강하게 일어났다. 이 열망은 내가 어렸을 때 매우 단순한 장난감의 둥근 구멍에 둥근 마개를 꽂을 때의 느낌과 비슷했다.

그래서 결국 나는 비행기 꼬리날개를 매달 하나씩 사게 되었다. 지금 생각해 보면 매달 프랭클린 민트 사에서 보내준 봉투가 집으로 도착하면 설레는 마음으로 그것을 꺼내보며 큰 기쁨을 누렸던 것 같다. 그리고 나서 비행기 꼬리날개를 꺼내어 케이스에 집어넣으면서 차츰차츰 빈 공간이 채워지는 것을 보고 만족스러워했다. 처음에는 첫 번째 서랍부터 다 채워 넣고 다음에는 두 번째 서랍에 채워 넣기 시작했다. 나는 새로 산 비행기 꼬리날개를 집어넣을 때마다 그때까지 수집한 것을 죽 둘러보고는 수집품이 점차 늘어가는 사실에 뿌듯한 마음을 감출 수 없었다. 비행기 꼬리날개 수집은 별 신경을 쓴다거나 열심히 노력하지 않고도 성취할 수 있는 것이었지만, 1장에서 논의했던 과학적, 심리적 작용처럼 내 삶에서 일관성 있는 행동을 드러낸 사례이기도 했다.

케이스가 비행기 꼬리날개로 거의 다 채워지자, 나는 그것을 거실에서 눈에 잘 띄는 곳에 놓고 손님들이 방문할 때마다 자랑을 했다. 그리고 전에는 느껴보지 못했던 성취감, 자아실현, 자부심 같은 것을 느꼈다.

그러나 결국 나는 정신을 차리고 비행기 꼬리날개 수집을 그만두었다. 그걸 수집하는 데 많은 돈을 썼을 뿐더러, 수집을 시작한 본래의 목적이 소비자가 그런 판매 전략에 빠지는 감정적 이유를 개인적으로 체험해 보려는 것이었기 때문이다. 사실 비행기 꼬리날개의 수집 사체가 처음부터 좀 어리석은 짓이었다. 항공사들은 합병되기도 하고 파산하기도 하며 회사명을 자주 변경했기 때문에 프랭클린 민트 사도 그런 변화를 따라갈 수 없었다.

하지만 나는 이 체험을 통해 대체로 수집가로 여겨지지 않는 사람들에게 제품을 판매하는 과정에서도 이와 비슷한 기회가 존재한다는 사실을 깨달았다. 그리고 내가 판매하는 거의 모든 제품에서 수집가들이 존재한다는 사실도 알았다. 이런 사람들에게 나는 마약공급자와 같았다. 그들은 아무리 많이 사들여도 수집을 그만두지 못한다.

당신이 고객에게 어떤 제품을 팔았다고 해서 그 사람이 그것과 동일한 제품이나 유사 제품을 사지 않을 것이라고 단정하는 것은 금물이다. 내가 손목시계를 판매할 때 이미 손목시계를 구입한 고객들이 가장 유망한 잠재고객들이었듯이, 당신의 가장 유망한 잠재고객들은 이미 당신의 고객이었거나 거의 동일한 제품을 구매한 사람들이다. 그들은 막강하지만 간과되기 쉬운 구매 세력들이다.

인쇄업자는 인쇄기를, 정원사는 원예 도구를, 그리고 건축가는 특이한 제도용 도구를 수집할지 모른다. 당신이 어떤 종류의 제품을 팔든 이미 그것을 수집하려는 동기를 갖고 있는 상당수의 잠재고객 집단이 존재하고 있다. 이 동기는 1장에서 밝힌 대로 일관성과 관련된 특성이다. 소비자가 일단 특정한 구매 패턴을 갖게 되면 미래의 구매 행동에서도 일관성을 유지하려는 경향이 짙다. 그것이 쉽고 편하기 때문이다.

수집 욕망은 수집용 제품으로 알려진 물건뿐만 아니라, 거의 모든 제품에 작용하는 심리이다. 당신이 고객에게 어떤 제품을 팔았다면, 그 고객은 다른 비슷한 제품을 또 사고 싶을지도 모른다.

세일즈의 방아쇠 18 수집 본능

인간의 마음속에는 무언가를 수집하려는 강한 충동이 본능적으로 존재한다. 우표나 동전 등을 수집하는 것이 전형적인 사례이지만, 실제로는 우리가 흔히 수집용 제품으로 여기는 것 이외의 거의 모든 제품에 대해 인간은 수집 욕망을 지니고 있다.

◉ 실천 지침

- 당신에게 어떤 제품을 구매한 고객은 그것과 유사한 또 다른 제품을 구매할 수 있는 가장 유망한 잠재고객이라는 사실을 명심하라.
- 고객의 마음속에 수집 본능이 존재한다는 점을 간과하지 말라.

19

불이야! 도와줘요

　내가 불과 8살 때, 실제로 경험했던 이야기이다. 나는 물총과 성냥 한 통을 구했다. 성냥은 불장난에 쓰고 물총은 그 불을 끄는 데 사용할 생각이었다. 이 장난은 아이들이 쉽게 떠올릴 수 있고 실행에 옮기기도 쉬웠다.
　어느 날 심심해서 종이 한 장에 불을 붙이고는 그것을 물총으로 꺼보았다. 생각대로 불은 물총을 발사하자 금방 꺼졌다.
　그러고 나서 나는 어슬렁거리다가 우리집 건물에서 한 블록 떨어진 공터로 갔는데, 거기서 창문과 출입문이 모두 없어진 채 버려진 차고 하나를 발견했다. 차고를 겨우 지탱하고 있는 우중충한 버팀목은 강한 바람이 불면 모조리 날아가버릴 것 같았다. 하지만 내가 그곳에 갔을 때는 꼼짝 않고 잘 버텨내고 있었다. 그리고 누군가가 차고 밖에다 자른 지 얼마 되지 않는 나뭇가지들을 쌓아놓았다.

나는 아직 푸른 잎이 달려 있는 나뭇가지를 하나 집어들고 차고 안으로 들어갔다. 그리고 벽돌을 주워와 둥그렇게 쌓고 그 속에 나뭇가지를 넣고 불을 지피기 시작했다. 잠시 후 불길이 약간 거세졌는데 물총으로 불을 끄기가 쉽지 않을 것 같았다. 그래서 나뭇잎이 많이 달린 가지를 가져와 끄는 게 낫겠다는 생각이 들었다. 나뭇가지로 마구 두들기자 불길이 잦아들었고 남은 불꽃은 물총으로 쏘아서 남김없이 없앨 수 있었다. 물총과 나뭇가지를 사용한 불장난은 역시 내 생각대로 성공을 거두었다.

나뭇가지로 불을 끄는 방법은 대단히 효과적으로 보였다. 그래서 차고 주변으로 불을 퍼뜨린 후, 그것을 나뭇가지로 끄고 나서 물총으로 마무리하면 더 재미있을 것 같았다.

그래서 차고 곳곳에 불을 놓자 잠시 후 불길이 이곳저곳에서 일어났다. 불길은 점차 강하게 솟아오르며 내 힘으로 끌 수 없을 것 같은 생각이 들기 시작했다. 심지어 소화기로도 쉽지 않을 것 같다는 생각이 들었다. 하지만 나는 불을 끄겠다는 다짐을 하고는 나뭇가지 하나를 집어들어 불을 두드리기 시작했다. 몇 분이 지나자 불은 연기를 뿜어내며 잦아들었다. 결국은 물총을 쓰지 않아도 될 정도로 불씨가 거의 남아 있지 않았다. 나는 나뭇가지 하나로 모든 불을 끌 수 있었다.

성공적인 불장난에 자신감을 얻은 나는 아주 대담한 계획을 품게 되었다. 우리집 윗층에는 내가 첫눈에 반했던 8살 소녀 로빈이 살고 있었는데, 그 애에게 나에 대해 강한 인상을 줄 수 있는 방법을 생각해 낸 것이다. 나는 그 애와 손도 한 번 제대로 잡아보지 못한 상태였다. 하지만 내 계획이 좋은 기회가 될 수 있을 것 같았다. 그 애에게 내가 얼마나 강하고 용감한지 보여줄 기회 말이다.

계획은 간단했다. 내가 본 모든 영화에서는 화염에 휩싸인 건물 속에서, 혹은 인디언들의 공격으로부터 죽음의 위기에 처한 마지막 순간에 멋진 여성을 구해내는 영웅이 항상 등장했다. 존 웨인은 늘 그런 역할을 맡았던 주인공이었다. 나는 그런 식으로 이번 기회를 이용하면 로빈과의 관계가 몰라보게 진전될 것이라고 확신했다. 위험한 순간에 그녀를 구해내면 그녀는 나를 평생의 은인으로 생각할 것이고, 나는 그녀를 내 여자로 얻을 수 있을 거라는 생각이었다.

나는 가위와 로프와 성냥을 가지고 다시 그 차고로 갔다. 우선 잎이 무성한 가지들을 차고 입구 근처에 쌓아놓고 차고 안에는 벽돌을 둥그렇게 쌓았다. 그리고 그 속을 종이와 잔가지들로 채

워넣었다. 가위는 차고 구석에 놓아두고 물총에 물을 가득 채웠다. 모든 게 완벽하게 준비되자 나는 로빈의 집으로 달려가 그녀를 위해 놀라운 것을 보여주겠다고 말했다.

로빈은 나의 제의에 고개를 끄덕였다. 그녀는 그날따라 끝자락에 주름장식을 두른 하얀 드레스를 입고 있었고 익살스런 버스터 브라운 신발을 신고 있었다. 차고로 향하면서 나는 별 말을 하지 않았다. 나의 임무를 완벽하게 수행하겠다는 의지를 다지고 있었기 때문이었다.

차고 안에는 지붕을 받치고 있는 두 개의 기둥이 있었는데, 그 중 한 기둥에 작은 의자 하나가 비스듬히 기대어 있었다. 나는 로빈에게 그 의자에 앉으라고 말하고는 일단 그녀의 몸을 묶겠다고 얘기했다. 그리고 매듭을 꽉 묶지 않을 테니까 안심해도 좋다고 말하고 내가 시키는 대로만 하면 약속한 것을 보여주겠다고 했다. 나는 모든 계획을 완벽하게 알고 있는 듯이 자신감 있게 행동했다. 물론 그 순간만큼은 그런 마음을 가지고 있었다. 로빈은 순순히 나의 말을 따라주었다.

로빈이 의자에 앉자 나는 밧줄로 그녀를 의자와 기둥에 묶었다. 내가 가위로 밧줄을 자르지 않고 그녀가 탈출할 수 있는 방법은 없었다.

그러고 나서 미리 준비해 놓은 종이와 잔가지에 불을 붙였다. 불길이 약간 솟아오르자 나는 다른 기둥에 세워놓은 막대기를 이용해 차고 이곳저곳에 불을 퍼뜨리기 시작했다. 그러자 차고 전체에 불이 붙었다. 로빈은 깜짝 놀란 표정을 지었다. 불길이 그녀의 몸이 묶여 있는 근처까지 다가갔을 때, 나는 이렇게 외쳤다.

"로빈, 걱정마. 너를 바로 구해 줄 게."

나는 무성한 나뭇잎 가지가 쌓여 있는 차고 입구로 달려갔다. 하지만 거기에는 아무것도 없었다! 누군가가 나뭇가지들을 모두 치워버린 것이다. 청소부가 가져갔을지도 모른다.

황급히 다시 차고 안으로 달려 들어가자 로빈은 겁에 질려 사색이 되어 있었다. 그 순간 나는 위기의식의 진정한 의미를 알게 되었다. 나는 물총을 꺼내들었지만, 곧 그것이 문제를 해결해 주지 못할 것이라는 사실을 깨닫고 가위를 찾았다. 하지만 가위도 보이지 않았다.

이제 불길은 사방에 번져 있었고 로빈은 미친 듯이 비명을 지르기 시작했다. 나는 불과 몇 초밖에 주어지지 않은 듯한 심정으로 밧줄의 매듭을 필사적으로 풀려고 했지만 잘 풀리지 않았다. 결국 그 과정에서 언뜻 가위가 눈에 띄었고 로프를 잘라 로빈을 탈출시켰다. 그녀는 밧줄에서 벗어나자마자 차고 밖으로 뛰쳐나가더니 집으로 쏜살같이 달음질쳤다. 어쨌든 나는 불길 속에서 로빈을 구출해 낸 셈이었다. 하지만 나의 계획은 애초의 생각대로 진행되지 않았다.

차고는 완전히 불에 타버렸다. 물론 나는 그 일로 큰 곤욕을 치러야 했다. 그리고 로빈은 나의 행동을 전혀 영웅적이라고 생각하지 않았고 내 근처에는 얼씬도 하지 않았다. 그녀의 친구들도 마찬가지였다.

위기의식은 자신에게 소중한 무언가를 잃을지도 모른다는 생각이 들 때 그 위력이 가장 강해지는 감정이다. 나는 차고를 잃을 수 있을 뿐 아니라, 내가 좋아하는 로빈도 잃을 수 있다는 생각 때문에 절박한 위기의식을 느꼈다.

이제 다시 냉정을 되찾아 우리의 본론을 이어가보자.

판매에서 이용할 수 있는 위기의식의 개념은 두 가지 감정적인 면과 관련이 있다. 하나는 손실, 즉 무언가를 잃을 가능성이고 다른 하나는 망설임이다.

먼저 망설임부터 예를 들어보자. 당신이 잠재고객인 해리를 완전히 설늑시켰고 이제 그가 제품을 사는 일만 남았다고 치자. 처음에 대단히 까다로웠던 해리에게 당신은 그가 필요로 하는 모든 정보와 구매의 논리적 이유를 제공해 주었다. 제품 설명의 초기에 해리가 떠올릴 수 있는 문제점과 의구심들을 먼저 제기한 후, 그것들을 능숙하게 해결했다. 당신은 열정과 존중, 성실, 신뢰를 모두 보여주었다. 해리가 고개를 끄덕이는 가운데 당신은 제품 계약서에 서명을 하도록 그에게 펜을 내민다. 그때 갑자기 그가 당신을 똑바로 쳐다보면서 이렇게 말한다.

"잠깐만요, 먼저 생각 좀 해 봐야겠어요."

이럴 경우, 잠재고객은 십중팔구 구매하지 않는다는 것이 마케팅 심리학 분야에서 이미 입증된 사실이다. 그리고 거기에는 매우 논리적인 이유들이 존재한다.

첫째, 해리가 긍정적으로 받아들였던 당신의 훌륭한 제품 설명은 시간이 흐르면서 점차 잊혀진다. 둘째, 다행히 해리가 제품 설명의 내용을 잊지 않고 있다 하더라도 그 효과는 시간이 흐르면서 약화되기 마련이다. 잠재고객을 실제 고객으로 만드는 데 필요한 효과 말이다. 그래서 "눈에서 멀어지면 마음도 멀어진다"는 옛 속담은 이 경우에도 들어맞는다.

따라서 해리의 망설임을 방지하기 위해서는 그에게 지금 당장 구입해야 할 동기나 이유를 제시해야만 한다. 사실 당신이 판매 과정을 제대로 수행했다면 잠재고객이 지금 당장 구매하지 않으면 양심의 가책을 느끼는 단계에 도달해야 한다. 어쨌든 해리를 상대해 온 당신이 체면을 살리려면 그가 "생각을 좀 해 봐야겠다"는 쪽에서 "그것을 사야겠다"는 쪽으로 마음을 바꾸도록 해야 한다. 그렇다면 이 때 어떻게 해야 할까?

우선 사용해서는 안 되는 전략이 있다. 당신은 해리에게 구매를 권유하기 위해 상당 시간을 소비했다. 그리고 그가 잠시 망설이자 당신은 판매 의욕이 앞선 나머지, 사실이 아닌 말을 던짐으로써 지금까지 쌓아온 성실성을 한 번에 무너뜨릴 수 있다. 예를 들면, "며칠 안으로 이 물건을 구입하지 않으시면 품절이 될 겁니다"와 같은 진실하지 못한 발언이나, 고객의 비위를 상하게 할 수 있는 어설픈 경고 따위 말이다. 그러므로 주의하기 바란다. 구매를 촉구하기 위해서든 위기감을 일으키기 위해서든 제품 설명의 말미에 던지는 말은 진실해야 하며, 구매를 권유하는 동안 쌓아온 성실성을 그대로 유지할 수 있는 것이어야 한다.

그렇다면 신뢰를 유지하면서 마지막 위기의식을 유발하려면 어떻게 해야 할까? 여기서 반드시 명심해야 할 사항이 있다. 당신은 제품 설명을 충실히 했고 적절한 위기의식도 불러일으켰지만, 치명적인 실수로 판매를 무산시킬 수 있다. 어떤 치명적인 실수가 있을까? 이를 테면 잠재고객이 중요한 구매 결정을 내리는 데 필요한 주요 정보를 빠뜨리는 일이다. 이럴 경우 구매자는 "질문이 하나 있는데요. 지금 대답하실 수 없으면 나중에 좀 알려주세요" 같은 구매 거부를 위한 변명을 하거나 이와 비슷한 핑계를 댄다. 한마디로 말해서 제품 설명에서 중요한 정보를 누락시키면 아무리 강력한 위기의식도 소용이 없다.

과거에 나는 모든 신제품을 홍보할 때 '전국 개시 가격'이라는 문구를 집어넣곤 했다. 이 문구는 거창한 의미가 있지는 않았지만, 제품의 가격이 잠정적으로 낮춰져 있으며 앞으로 상승할 수도 있음을 암시했다. 대부분의 개시 가격은 실제로 그런 경우가 많다. 그런데 계산기를 비롯한 전자제품의 가격이 너무 빨리 떨어지고 늘 하락추세였기 때문에 결국에는 그 문구를 쓰지 못하게 되었다.

위기의식에 관한 언급은 항상 판매의 마지막에 덧붙여야 효과적이다. 그러면 위기의식과 여타의 심리적 요인들이 적절하게 융합되어 상승효과를 일으킬 수 있다.

고객이 당신의 제의를 뿌리치고 떠나버리지 않도록 제품 설명의 막바지에 위기의식을 개입시키는 것을 잊지 말기 바란다. 그 자리에서 고객의 확고한 구매 약속을 받아내지 못하면 대체로 당신의 판매 가능성은 낮다고 할 수 있다.

위기의식을 불러일으키려면 어떻게 해야 할까? 그 방법은 무수히 많다.

당신은 이렇게 말할 수 있다.

"고객님의 경쟁 상대가 지금 똑 같은 설비를 도입해 사용하고 있습니다. 지금 결정하시는 데 뭔가 제가 도와드릴 일이라도 있을까요?"

또 이렇게 말할 수도 있다.

"올해의 주문 마감은 오늘까지라고 하네요. 저희 제품이 고객님 회사에서 원하시는 것과 정확히 들어맞는 것 같은데, 제가 뭔가 도움을 드릴까요?"

내가 뉴욕에서 세일즈맨십에 관한 책들을 검토할 때, 엘머 휠러Elmer Wheeler의 〈위험한 판매 Selling Dangerously〉라는 책을 접하게 되었다. 내가 그 책을 잊지 못하는 이유는 책의 내용이 담고 있는 아주 간단하면서도 인상적인 원칙 때문이었다.

휠러는 고객이 "한 번 생각해 볼게요" 혹은 "제 파트너와 상의해 볼게요"라고 말하면, 그 판매 가능성은 이미 사라졌다는 사실을 깨달았다. 따라서 이 시점에 이르면, 고객의 사무실에서 내쫓기는 한이 있더라도 거의 위험할 정도의 대담한 방법을 시도해도 손해볼 게 없다고 했다.

휠러는 고객을 끝내 설득하지 못했던 한 세일즈맨의 예를 들었다. 그 세일즈맨은 제품 설명의 마지막에 이렇게 말했다.

"이 제품을 지금 당장 사야 하는 이유에 대해 제가 손님을 제대로 설득하지 못한 것 같네요. 저는 손님의 시간을 빼앗고 싶지 않기 때문에 지금부터 손님 시간을 돈으로 사겠습니다. 200달러를 드릴 테니 15분 정도 시간을 내주시면 이 제품을 지금 사야 하는 이유를 좀 더 명확히 설명해 드리겠습니다."

이 외에도 다른 대담한 사례들이 있는데, 어떤 세일즈맨은 "결정을 내리기 전에 파트너와 상의해야 한다"고 말하는 고객에게 이렇게 말했다고 한다.

"파트너요? 고객님의 파트너는 고객님의 결정을 믿지 못하시나요?"

남편 혹은 부인에게 물어봐야 한다는 상투적인 구실을 대는 사람들도 있는데, 이는 아주 흔한 망설임의 술책이다. 휠러는 다리미를 파는 한 세일즈맨이 가정주부로부터 자주 듣는 대답을 예로 들었다.

"글쎄요, 남편하고 상의해 봐야겠네요."

그러자 세일즈맨은 이렇게 응대했다.

"남편께서는 무슨 요일에 빨래를 하나요?"

그러면 대개 자존심도 약간 상하고 놀란 여성은 빨래는 자신이 한다고 힘주어 말하는데, 그 때 세일즈맨은 이렇게 말한다.

"다림질을 할 때 머리가 아프고 허리가 쑤시는 사람은 손님이 지, 손님의 남편은 아니잖아요."

세일즈맨은 이 날카로운 지적을 고객이 음미하도록 잠시 틈을 준 후, 속삭이듯 이렇게 중얼거린다.

"남편께서는 사무실에서 머리나 허리를 편하게 해 주는 물건을 살 때 부인과 상의하지는 않겠죠?"

고객의 망설임을 그대로 방관하지 말고 판매를 성사시켜야 한다. 당신은 판매하는 제품에 적합한 위기의식을 조성해야 한다.

내게 값비싼 부동산을 구입하라고 권고하는 몇몇 부동산업자 들이 있는데, 그들은 위기의식을 전혀 이용하지 않았다. 나중에 그들은 비즈니스에 정통한 내게 위기의식을 불러일으키는 말을 했다가 화를 낼까봐 조심스러웠다고 털어놓았다. 하지만 뻔뻔스 럽게 들리지 않으면서도 위기의식을 조성하는 방법은 많다. 예를 들면, 그들은 내게 이렇게 말할 수도 있었을 것이다.

"슈거맨 씨, 이런 건물은 아주 잘 팔리거든요. 그래서 누구보다도 특별히 슈거맨 씨에게 먼저 보여드리는 겁니다."

어떤 세일즈에서든 위기의식을 이용하지 못할 이유가 없다. 하지만 위험한 불을 지르는 것은 최후의 수단으로 쓰길 바란다.

세일즈의 방아쇠 19 위기의식

고객이 구매를 한 번 생각해 보겠다고 하면 그 거래는 무산된 것이다. 아무리 훌륭한 메시지라도 시간이 흐르면 망각 속으로 사라지기 마련이다. 따라서 서둘러 구매하지 않으면 손해라는 위기의식을 갖게끔 신속한 구매 행동을 유발할 방아쇠가 필요하다.

○ **실천 지침**

- 당신의 제품이나 서비스를 지금 당장 구입해야 할 강력하고 분명한 이유를 제시하라.
- 구매를 유발할 수 있는 설득력 있는 이유를 미리 준비해 두라.

20

잊을 수 없는 스노모빌의 교훈

   한정 상품, 희소 상품, 오리지널 상품이라는 개념은 구매를 유도해 낼 수 있는 강력한 심리적 방아쇠이다. 이 방아쇠의 기본 개념은 고객을 특별한 존재로 만들어주는 데 있다. 가격에 상관없이 극소수의 사람들에게만 특별한 제품을 구입할 수 있는 자격이 주어졌다는 인식을 갖게 하는 것이다. 이런 접근법이 판매에 미치는 영향은 매우 강력하다.

   사람은 누구나 자신이 특별한 존재라는 느낌을 갖고 싶어 한다. 17장에서도 언급했듯이 대부분의 사람들은 소수의 성공한 사람들이 소유하거나 즐기는 제품을 구입하여 자신도 그 그룹에 소속되고 싶은 욕망을 지니고 있다.

몇몇 마케팅 회사들은 제품의 생산량을 제한함으로써 그 제품에 대한 소비자들의 소유욕을 자극해 왔다. 수백만 달러의 매출을 올리는 프랭클린 민트 사는 '한정판'을 대전제로 세워진 회사이다. 처음에는 동전으로 시작했다가 나중에는 접시, 컵, 자동차 모형, 비행기 꼬리날개 등 거의 모든 것을 판매했다. 수집할 만한 것이라면 무엇이든 한정적으로 판매하는 것이 그들에겐 비교적 손쉬운 전략이었다.

한정 상품 전략의 바탕이 되는 개념은 희소가치를 제공해 준다는 것이다. 다양한 수집품 시장에서 특정의 제품을 구입하려는 사람들의 수가 늘기 시작하면 그 가치가 증가한다. 수요가 창출되는 것이다. 그러면 곧 수집품은 일반 대중의 주의를 끌게 되어 더욱 많은 사람들을 끌어들이고 가치는 더욱 증가한다.

나는 인터넷을 검색해 보고 수집가를 위한 잡지도 살펴보고 광고도 뒤져보았지만, 현재까지 비행기 꼬리날개를 수집하는 사람을 발견하지는 못했다. 따라서 비행기 꼬리날개는 가치를 인정받지 못하는 품목들 중의 하나임이 분명하다. 혹시 나중에 그 가치를 인정받을지 모르겠지만 말이다. 나는 비행기 꼬리날개를 수집하는 동안, 내가 그것을 수집하는 유일한 사람이고 민트 사는 오로지 날 위해서만 그것을 만들고 있지 않나 하는 의심을 품곤 했다. 혹시 그것을 수집하고 있는 분이 있다면 내게 연락을 주기를 바란다.

유통되고 있는 수집품은 수량이 적을수록 가치가 높아진다. 우리는 누군가 다락방에서 값진 옛날 가보를 발견했다는 얘기를 종종 듣곤 한다. 은제 비행기 꼬리날개도 나중에 그런 것이 될지 누가 알겠는가.

하지만 한정적이고 희귀한 조건들에 딱 맞아 떨어짐에도 불구하고 가치가 크게 증가하지 않는 품목들도 있다. 예를 들면, 자동차가 그렇다. '한정판' 자동차가 너무 많이 생산되면 그 차의 가치는 좀처럼 증가하지 않는다. 반면, 60년대의 페라리 자동차는 지금도 엄청난 가치를 인정받고 있는데, 이는 제조된 수량이 지극히 적었고 자동차 마니아들 사이에서 큰 인기를 얻고 있기 때문이다.

어느 겨울날 오후, 위스콘신에서 나는 제품의 한정적인 힘을 절실히 깨닫게 되었다. 그 일은 내가 한 세미나를 끝낸 직후에 발생했다.

나는 세미가가 개최되는 곳에 참가자들을 위해 6대의 스노모빌을 갖춰놓고 있었다. 겨울에 세미나를 개최하면서 휴식 시간에 참가자들에게 스노모빌을 빌려주고 즐기도록 했다. 스노모빌은 대단히 재미있어서 누구나 한 번씩 타보고 싶어 했다. 그러던 어느 날, 매틀 일렉트로닉스 사장인 제프 로실레스가 스노모빌을 타다가 팔이 부러지는 사고를 당했다. 그 이후에는 스노모빌 대여를 중단했다. 지금도 내 차고에는 6대의 스노모빌이 있는데, 가끔씩 날 찾아오는 지인들이 한 번씩 타보는 경우 외에는 많이 사용하지 않고 있다.

어느 날 나는 호기심에서 가까운 스노모빌 가게를 방문했다. 현재 소유한 6대의 스노모빌도 그 가게에서 구입한 것이다. 그곳에 들른 이유는 스노모빌이 더 필요해서가 아니라, 새로운 모델은 어떻게 달라졌는지 구경하고 싶어서였다.

난 가게 안으로 들어가 점원에게 물었다.

"폴, 올해 새 모델 나왔나요?"

폴은 작은 받침대 위에 올려져 있는 스노모빌을 손가락으로 가리키며 말했다.

"이 녀석은 신종 유냉식(油冷式) 모델인데요. 시속 160km가 넘습니다. 가격은 8,600달러구요."

당시 스노모빌의 가격은 보통 5,000달러가 채 안되었고, 최고 속도도 시속 65km 정도에 불과했다. 따라서 신종 모델은 성능이 상당히 개선된 것이었다. 성능이야 어떻든 난 이미 6대를 가지고 있기 때문에 더 이상 구입할 필요가 없었다. 난 폴에게 지나가는 말투로 이렇게 물었다.

"도대체 누가 8,600달러나 주고 시속 160km짜리 스노모빌을 산답니까? 어리석은 짓이지."

폴은 씽긋 웃으면서 대답했다.

"올해는 이 주에서 6대가 팔렸는데요. 우린 2대를 할당받아서 벌써 한 대는 팔았어요."

그때 나는 불쑥 이렇게 내뱉고 말았다.

"내가 이걸 사죠."

그렇다. 난 결국 그것을 사고야 말았다. 나는 이 강력하고 한정적인 신종 기기를 소유한 몇몇 사람들 중의 한 사람이 되고 싶었던 것이다. 나는 소수 그룹의 일원으로 특별하다는 느낌을 갖고 싶었다. 스노모빌이 더 필요하지 않았지만, 충동적인 감정을 이기지 못하고 그것을 구매했다. 희소성의 힘을 깨닫게 해 주는 경험이었다.

세일즈에서는 그것을 어떻게 이용할 수 있을까? 간단하다. 단지 판매하는 제품이 한정적인 것처럼 보이게 하고 대체로 생산량에 제한을 두면서 그 사실을 고객이 인지하도록 하면 된다. 제품을 한정적으로 보이게 하면 수요가 크게 증가한다.

예를 들어, 내가 올즈모빌 자동차를 판매한다면 세비 자동차와 비교해 볼 때 상당히 적은 대수가 생산된다는 사실을 언급할 것이며 필요하다면 구체적인 수치를 밝힐 것이다. 그런 언급에 고객은 그 자동차가 특별하다는 인상을 받는다.

한정된 부수의 책을 팔고자 한다면 각 책마다 번호를 매기고 저자의 사인을 받는 방법이 있다. 저자의 사인은 구매자에게 그

책이 여느 책과는 다르다는 느낌을 주고 번호는 부수가 한정되어 있다는 인상을 준다.

어떤 물건에 사인이 있으면 물건의 가치가 올라간다. 사인이 있는 제품은 한정적이면서 특별하게 여겨진다. 사인을 하는 사람의 명성이 높을수록 그 이름과 사인은 더욱 가치가 올라간다.

당신의 제품이 한정적이고 특별하며 희귀하게 보일 수 있는 방안을 생각해 보라. 당신은 수량을 제한할 수도 있고, 제품에 사인을 하거나 번호를 매길 수도 있으며 실제 수요량보다 적게 생산할 수도 있다. 그러고 나서 고객들에게 그런 정보를 널리 알리면 된다. 누구나 특별한 존재로 대접받고 싶어 한다. 그리고 그런 욕구를 감정적으로 충족시켜주는 가장 좋은 방법 가운데 하나가 희소성의 힘을 이용하는 것이다.

세일즈의 방아쇠 20 희소성

소유자가 많지 않은 물건을 소유하려고 하는 것은 인간의 구매 행동을 유발하는 강력한 동기 중의 하나다. 소장품, 한정판, 단기생산품, 극소수만 구입할 수 있는 고가품 등은 모두 고객의 구매 충동을 일으키는 강력한 자극 요소들이다.

◉ **실천 지침**

- 판매를 제한하여 구매가 쉽지 않도록 하고, 이 사실이 널리 알려지게 하라.
- 제품의 희소가치를 높이기 위해 특별한 서명을 새겨 넣거나 다른 제품들과 비교하여 수량이 제한되어 있음을 강조하고, 수요가 많아 공급이 달린다는 점을 내세워라.

바보처럼
단순한 것이 통한다

　세일즈의 세계에서는 잘 알려지지 않았지만, 의표를 찌르는 진리가 있다. 그것은 KISS, 즉 Keep It Simple, Stupid(단순하게 해, 바보야)의 머릿글자이다.

　KISS를 세일즈에서는 이렇게 변형시켜 보는 게 좋을 듯하다.

　Keep It Stupid and Simple.(바보스럽고 단순하게 하라.)

　이는 고객이 어리석다는 의미가 아니며, 고객을 얕보고 단순하게 대해야 한다는 의미도 아니다. 메시지를 전달할 때 누구나 쉽게 이해할 수 있도록 핵심만 짚어내고 복잡하게 만들지 말라는 의미이다.

　단순함은 가장 중요한 심리적 방아쇠들 중 하나지만, 세일즈 원칙 중에서도 가장 잘 지켜지지 않는 것 같다. 당신은 모든 것을 단순하게 만들 필요가 있다. 판매의 모든 과정을 단순화해야 한다. 제품도 구매 권유도 단순해야 한다.

　그렇다고 나는 세미나에서 초등학생도 이해할 수 있을 정도로 광고 문구를 단순하게 써야 한다고 가르치지는 않는다. 내가 단순하게 하라고 말하는 것은 그런 의미가 아니다. 광고는 저학력자든 고학력자든 상관없이 모든 사람이 명확하게 이해할 수 있어야 한다. 대상에 따라 수준을 높이거나 낮추어 쓰는 것은 훌륭한 마케팅 문구라고 할 수 없다.

　강한 인상을 주기 위해 호언장담하는 것은 상대방을 얕보는 것과 다를 바 없다. 말로 상대방에게 강한 인상을 주려고 할 때, 화려한 화법에 익숙하지 않은 사람은 곧 등을 돌려버릴 것이다. 간단하면서도 이해하기 쉬운 말을 사용하라. 말은 이야기이면서 감정적 이미지를 창조해 내며, 때로는 생각보다 훨씬 큰 영향을 미칠 수 있다. 그리고 간단한 말이 가장 강력한 효과가 있다. 누구나 이해할 수 있는 말이 대부분의 사람들이 이해하기 까다로운 말보다 훨씬 큰 효과를 낳는다. 이는 명백한 사실이지만, 과장된 표현을 좋아하는 사람들은 이렇게 반박할 수 있다.

　"제 이미지를 유지하려는 겁니다."

어쨌든 좋다. 하지만 그런 화법은 당신의 판매에 결코 긍정적으로 작용하지 못한다.

일을 복잡하게 만드는 경향이 있는 사람이 훌륭한 광고 문구를 작성하기는 힘들 것이다. 또한 세일즈에서도 큰 성공을 거두지 못할 것이다.

나는 세미나 참가자들에게 "초점을 잘 맞춰야 한다"고 강조한다. 성취하려는 목표에 초점을 맞추고 복잡하거나 불필요한 요소를 제거해야 한다.

마케팅에서 단순성의 효과가 드러나는 좋은 예가 하나 있다.

내 친구이자 대중연설가인 머레이 라펠이 나를 찾아와 한 가지 부탁을 하면서 경험했던 일이다. 그는 스위스 아미 시계를 개발한 회사와 함께 일을 하는 중이었는데, 내게 미국에서 그 회사 제품의 마케팅을 맡아줄 수 있느냐고 물었다. 난 흔쾌히 승낙했고, 곧 그들과 함께 마케팅 회의를 위한 날짜를 잡았다.

그들과 마주 앉은 회의석상에서 내 앞에는 3가지 스타일에, 각각의 스타일마다 3가지 색깔로 모두 9가지 모델의 시계가 놓여 있었다. 첫 번째 스타일은 남성용이고 두 번째는 여성용, 세 번째는 어린이용이었다. 색깔은 검은색, 붉은색, 카키색으로 나뉘어 있었다. 나는 시계를 주의 깊게 살펴보고 시계의 역사에 대해 들으면서 시계에 관한 많은 정보를 얻게 되었다. 마침내 그들은 중요한 질문을 던졌다.

"슈거맨 씨, 시계를 살펴보시니 어떠세요?"

나는 시계를 내려다보며 잠시 생각해 보고는 이렇게 대답했다.

"저는 우선 검은색 남성용 시계 광고를 〈월스트리트 저널〉에 싣고 반응을 알아보고 싶군요."

시계 회사 중역들은 내 말에 당황한 듯 보였다.

"시계를 전부 싣지 않고요? 9가지 모델을 한꺼번에 실으면 그만큼 많은 사람들에게 광고하는 셈이잖아요. 남성뿐 아니라 여성이나 어린이도 잠재고객에 포함될 뿐더러, 그들에게 색깔 선택의 기회도 줄 수 있지 않겠어요?"

나는 그들에게 내 경험상 광고를 단순하게 만드는 것이 가장 좋은 방법이고, 고객에게 너무 많은 선택을 제시하는 것은 대단히 위험한 일이라고 밝혔다.

하지만 그들은 내 말에 전혀 동의하지 않았다.

"슈거맨 씨, 논리적으로 생각해도 선택 상품을 많이 제공할수록 판매가 더 늘어나는 게 아닐까요?"

누군가가 그렇게 물었다.

나는 마케팅 경험상 판매에는 "논리가 통하지 않는다"는 사실을 알고 있었다. 그래서 내가 옳다는 것을 입증하기 위해 한 가지 방안을 내놓았다. 같은 광고를 형식이 다른 A안과 B안 두 가지로 만들어 〈월스트리트 저널〉에 실어보자는 제의였다. A안이나 B안 광고를 게재한 신문이 동일한 시점에 배달되는 한 지역에서 그 반응을 알아보는 방법이었다. 따라서 어떤 가정에서는 A안을 접하게 되고, 또 어떤 가정에서는 B안을 접하게 되었다. 이것은 두 개의 다른 형식의 광고 중에서 어느 쪽이 효과적인지 알아보는 데 매우 좋은 방법이었다.

두 광고에서 나는 거의 동일한 문구와 그림을 사용했다. 차이가 있다면 A안에서는 남성용 시계와 크기가 좀 작은 어린이용 시계를 함께 선보였고 B안에서는 남성용 시계만을 보여주었다. 그리고 선택 상품을 열거해 놓았는데, A안에서는 9개 전부를, B안에서는 단 1개만을 제시해 놓았다.

그 결과 남성용 시계 1개만을 소개한 광고의 반응이 9개 모두를 소개한 광고의 반응보다 3대 1의 비율로 높았다. 다시 말해서 9개를 모두 소개한 광고를 통해 판매한 시계가 1개라면, 단 1개의 검은색 시계 광고를 통해 판매한 시계는 3개였다.

선택 상품을 복잡하게 많이 늘어놓으면 소비자는 고개를 돌려 버리고 구매하지 않는다는 사실을 나는 거의 직감적으로 알고 있었다. 상품이 많으면 소비자들이 선택을 위해 생각을 해야 한다는 점이 문제이다. 당신은 상품 하나만을 신보임으로써 구매자를 대신하여 미리 선택을 해 주어야 한다. 사실, 고객은 그런 방식을 더 선호하며 더 편하게 여긴다.

광고를 통해 구매 권유를 할 때 나는 종종 이런 간단한 문구를 사용한다.

"저는 개인적으로 이 상품들을 품질이나 기능이나 가격 차원에서 살펴본 후, 이것을 선택했습니다."

그러면 고객들은 직접 매장에 가서 물건을 비교해 보거나 전자제품에 대해 잘 아는 사람에게 의견을 구하는 수고를 덜 수 있다. 실제로 소비자들은 자신들을 위해 세일즈맨이 선택해 준 제품에 마음이 기우는 경향이 있다.

그렇다면 언제 9가지 모델의 시계를 모두 보여줘야 할까? 잠재고객이 실제 고객이 된 후 카탈로그를 통해 소개하거나, 혹은 판매 상황에 따라 적절한 시기를 선택해야 한다. 나는 일단 스위스 아미 시계에 관심 있는 사람들을 찾아내고 그들에게 하나를 판 후, 카탈로그를 통해 9가지 모델을 전부 보여주었다. 고객들은 카탈로그를 손에 받아들고 나서야 다양한 종류의 시계 중에서 선택할 수 있는 자격을 갖는 셈이다.

단순화의 힘을 체험했던 또 하나의 경험담을 소개해 보자. 주름을 제거하고 피부를 개선해 주는 제품을 30분짜리 텔레비전 광고를 통해 판매하면서 있었던 일이다. '미라셀'이라고 불린 이 제품은 획기적이라고 해도 과언이 아닐 정도로 품질이 뛰어났다. 나도 몇 달 동안 사용해 보았는데 그 효과가 뚜렷하게 나타났다. 우리는 두 번의 이중맹검법(약효의 정확한 판정을 위해 실험자와 피실험자 모두에게 약의 진위를 모르게 하는 실험법) 실험으로도 그 제품의 효과를 입증받았다. 하지만 한 가지 심각한 문제가 있었다.

가장 신속하게 효과를 보려면 처음 3개월 동안은 하루 두 개의 캡슐을 복용해야 하고, 그 후에는 하루 한 개로 줄여야 한다. 이 경우는 나의 단순성의 원칙에 위배되었다. 나는 소비자가 혼동하지 않을까 걱정되었다. 뻔히 잘못된 방향인 줄 알면서도 어쩔 수 없이 그쪽으로 갈 수 밖에 없는 상황이었다. 네 달째부터는 복용량이 반으로 줄기 때문에, 가격도 첫 세 달에 비해 반으로 줄어들게 된다. 그리고 소비자들에게 첫 3개월 동안은 하루 두 알씩 복용하고, 그 다음 달부터는 하루 한 알씩 복용하라고 설명해야만 했다. 이것은 너무 복잡해서 혼동을 일으키기 쉬웠다.

그래서 이 제품의 성공 가능성을 높이기 위해 두 가지 방식으로 광고를 내보내기로 했다. 첫 번째 광고에서는 내가 충분히 설명을 한 후, 쇼 호스트가 복용법을 시연해 보이면서 이 복용 방식에 대해 다시 한 번 설명하도록 했다. 우리는 이 복잡한 방식을 설명하면서 소비자가 궁금하게 여길 만한 의문을 풀어주는 데 거의 3분을 소비했다.

두 번째 광고는 아주 간단했다.

"미라셀은 한 통에 25달러이고 복용기간은 1개월입니다."

이게 전부였다. 광고는 아주 간단하고 이해하기 쉬웠다. 만일 두 번째 광고가 복잡한 첫 번째 광고보다 반응이 좋다면 나는 첫 세 달 간 고객들에게 두 통씩 공급하면서 그 중 한 통은 내 개인 비용으로 제공해야만 했다.

이렇게 실험을 해 본 결과, 역시 단순한 광고가 효과가 더 좋았다. 두 번째 광고가 첫 번째 광고보다 훨씬 많은 반응을 이끌어냈다. 우리는 결국 구매 권유와 복용 방식을 단순하게 제시하는 대가로 엄청난 양을 무료로 제공해야 했다.

세일즈와 마케팅에서 단순화의 원칙은 철칙이다. 이것은 특히 세일즈 과정에서 매우 중요하다. 항상 당신의 제안을 단순하게 하라. 잠재고객이 실제 고객이 된 후에 보다 복잡한 제안이나 다양한 제품을 소개하면 된다. 제안이 단순할수록 초반에 판매를 성공시킬 가능성이 높다는 점을 기억하기 바란다.

많이 파는 능력 있는 세일즈맨은 고객에게 무엇을 사야 하는지 정확히 짚어줄 줄 안다. 그런 세일즈맨은 여러 선택 사항들을 간추려서 고객이 쉽게 마음을 정하도록 유도하고 세일즈 과정을 단순하게 이끌어간다. 그리고 이것은 세일즈맨의 우선적인 역할이기도 하다. 제안을 단순하게 제시하여 고객이 받아들이지 않을 수 없게 만드는 것이다.

일반적으로 판매에서 가장 큰 문제는 제안을 필요 이상으로 복잡하게 하는 경우이다. 당신의 제안을 단순화하라. 고객이 쉽사리 펜을 집어 들고 사인을 할 수 있도록 구매 권유를 단순하게 하라. 그러면 당신의 세일즈 역시 단순하게 성공만을 향해 나아갈 수 있다.

세일즈의 방아쇠 21 단순화

세일즈 프리젠테이션을 단순화 하는 것은 매우 중요하다. 당신의 제안이 복잡할수록 그만큼 설득력은 떨어진다. 제안을 단순화하는 일은 고객을 위해 당신이 선택을 해 주는 배려이다.

○ 실천 지침

- 당신의 제안이 단순하게 느껴지기 위해서 어떤 요소가 제거되어야 할지 다시 검토해 보라.
- 당신의 최종 제안은 누구라도 이해할 수 있을 만큼 단순한가?
- 고객이 선택을 손쉽게 할 수 있는 방법을 모색하라.

22

정당한 뇌물로 환심 사기

혹시 자선단체로부터 작은 선물이 들어 있는 우편물을 받아본 적이 있는가? 그런 선물에는 그 단체의 스티커나 멋진 우표, 혹은 간단한 기념품 따위가 있다. 또 1달러짜리가 들어 있거나 회신용 주소 스탬프가 찍힌 봉투가 동봉된 여론조사용 우편물이 들어 있기도 하다.

이런 우편물을 받을 때 당신은 약간의 양심의 가책을 느낀 경험이 있을지도 모르겠다. 사람들은 약간이나마 가치 있는 물건을 받으면 그 보답으로 기부를 하거나 여론조사에 응해야 한다는 의무감을 느끼곤 한다.

퍼블리셔스 클리어링 하우스 스위프스테이크스Publishers Clearing House Sweepstakes(제품을 구매하면 추첨을 통해 수백만 달러의 당첨금을 수여한다는 광고로 고객을 모으는 판매회사)의 우편물 발송 방식은 판매를 증진시키기 위해 사람들의 양심을 활용하는 다이렉트 마케팅이자 광고 기법이다. 그들은 우편물에 많은 것을 채워 넣을수록 사람들이 그것을 버리지 않을 뿐 아니라, 뭔가 반응을 하지 않으면 양심의 가책을 느낀다는 점을 잘 알고 있다.

'반복' 역시 양심의 가책을 느끼게 한다. 우편물을 계속해서 보내면 결국 우편물 수령자는 반응을 하지 않은 것에 대해 죄책감을 느낀다. 나는 스키 리프트 인터내셔널Ski Lift International이라는 회사의 스키 리프트를 판매할 때 반복해서 우편물을 발송하는 방식을 이용했다. 작은 선물을 동봉한 우편물을 관계자들에게 수차례 발송했다. 선물로는 슬로건이 새겨진 배지나 특이한 우편용품이었으며, 광고를 읽는 사람의 참여를 유발하는 유인도구를 넣어보기도 했다. 어느 정도 시간이 흐르자 마침내 여러 차례 우편물을 수령한 사람들이 부담을 느끼고 회신을 보내왔다. 그중 일부는 좀 더 일찍 회신을 보내지 않은 것에 대해 사과하기도 했다. 나는 반복적인 우편물의 발송에다 선물을 결부시켜 사람들이 양심의 가책을 느끼도록 만든 것이다.

내가 비행기 꼬리날개 모형을 수집할 때, 프랭클린 민트 사로부터 호두나무로 만든 아름다운 수제품 케이스를 받고 나서 어떻게 행동했는지 기억할 것이다. 나는 그렇게 값비싼 물건을 받고 양심의 가책을 느낀 나머지 감사의 표시를 하지 않을 수 없었다. 그래서 비행기 꼬리날개를 계속 사들이기 시작했다. 사실 그런 물건을 수집하는 행동은 제정신이라면 할 수 없는 멍청하고 한심한 짓이었다. 하지만 나는 지극히 정상적인 사람이다.

이런 사례들은 모두 양심의 가책을 이용했다고 볼 수 있다. 혹자는 이를 '보답'이라고 생각할지도 모르겠다. 이 개념은 내가 당신에게 무언가를 주면 당신은 내게 그에 대한 대가를 지불해야 한다는 의무감 같은 것이다.

세일즈에서 이 기법을 어떻게 이용할 수 있을까? 고객의 마음속에서 의무감이 생기도록 무언가를 제공하면 된다. 그러면 고객은 당신에게 빚지고 있다는 느낌을 가질 테고, 이런 상황은 종종 당신의 제품이나 서비스의 구매로 이어진다.

대면판매에서는 이런 중요한 기법을 어떻게 이용해야 할까? 고객에게 작은 선물이나 경품을 제공하면 된다. 그러면 고객은 당신에게 좀 더 적극적인 구매 경향을 보일 것이다. 고객에게 점심이나 저녁을 사는 것도 선물이 될 수 있다.

방문판매를 할 때 사탕을 가지고 가는 것, 고객에게 유용한 신문 기사를 보내주는 것, 아니면 고객과 계속 연락을 유지하는 것 등 모두가 고객의 마음속에 의무감과 양심의 가책을 불러일으켜 당신에게 보답을 하게 만드는 방법들이다. 월마트가 자사의 구매팀 직원들이 외부 세일즈맨과 만날 때 점심이나 저녁 대접을 받지 못하도록 규정하고 있는 것도 그런 이유 때문이다. 월마트의 조치는 구매팀 직원들이 외부 세일즈맨에게 양심의 가책을 느끼고 보답하려는 마음을 갖는 것을 사전에 방지하려는 것이다.

많은 회사들은 직원들이 외부 인사로부터 선물을 받지 않도록 철저히 단속하고 있다. 심지어는 크리스마스 때도 이를 허용하지 않고 있다. 그리고 납품업체들에게 이런 정책을 알리는 서신을 발송하기도 한다. 만일 선물을 주고받은 사실이 알려지면 양측이 경고를 받고 선물은 자선단체에 기부되기도 한다. 미국 의회에서도 이와 관련된 윤리 규정이 더욱 엄격해졌다. 전 농무부 장관은 300달러짜리 와인을 받은 후, 그것이 뇌물로 판정되어 곤경에 처한 적이 있다.

어떤 선물은 상당히 너그러운 면이 있다. 정계에서 선물은 정치의 한 수단이기도 하다. 사실 보답은 정치의 수레바퀴를 원활하게 돌아가게 하는 윤활유 역할을 한다. 일정한 기준을 벗어나지 않으면 선물이 합법화되어 있는 분야가 정치라는 사실은 아이러니가 아닐 수 없다. 상당수의 개인들이 특별 혜택을 받기 위해 많은 선물을 제공할 때에는 법에도 허점이 드러난다.

세일즈맨이 고객에게 뇌물처럼 보이지 않는 선물을 제공하는 문제에는 항상 도덕적, 윤리적 요소들이 개입되기 마련이다. 하지만 뇌물을 사용하지 않고도 고객의 마음속에 양심의 가책과 보답의 심리를 생기게 하는 창조적인 방법들이 많다. 어떤 방법은 비용이 한 푼도 들지 않는다.

예를 들어, 인터넷을 이용할 경우를 생각해 보자. 당신은 고객을 즐겁게 해 주기 위해 매주 웃음거리를 하나씩 보내줄 수 있다. 하지만 세일즈 메시지나 구매 권유를 전혀 언급하지 않고, 오직 재미있는 이야기만을 이메일로 보내야 한다. 그러면 당신은 비용을 전혀 들이지 않고 고객의 마음속에 고마움의 심리를 유발시키게 된다. 혹은 고객의 관심 분야와 관련 있는 기사를 보내줄 수 있다. 그러면 당신은 고객과 계속 끈이 닿아 있는 셈이고, 고객은 당신의 도움과 배려에 대해 늘 빚을 지고 있는 마음을 갖게 될 것이다.

극진한 서비스로 고객에게 양심의 가책을 일으키는 세일즈 기법도 효과적이다. 나의 경험을 예로 들어보자. 나는 여행 가방 하나가 필요해서 시카고에 있는 마셜 필즈 백화점에 들렀다.

가방 전문 매장에 들어가 둘러보던 중, 특히 마음에 드는 것을 하나 발견했다. 그 가방은 양복을 구김 없이 잘 보관할 수 있도록 기능적으로 만들어져 있었다. 판매원이 내게 다가와 필요한 게 있는지 물었다. 나는 그 가방에 대해 궁금한 것을 물었다.

"이 여행 가방에 양복을 어떻게 넣나요?"

판매원은 내게 양복이 어떻게 가방에 들어가는지 설명하고는 이렇게 말했다.

"확실히 이해하실 수 있도록 제 양복으로 직접 보여드릴게요."

그는 바닥에 무릎을 꿇고 가방을 열고는 양복 상의를 벗었다. 그리고 양복을 접어서 그것을 가방 안에 넣는 방법을 자세히 보여주었다. 나의 간단한 질문에 대답하기 위해 그렇게 열심히 노력하는데 그 물건을 사지 않을 수 있겠는가? 그의 정성스런 노력은 내 마음속에 양심의 가책을 느끼게 했던 것이다.

당신의 고객이 양심의 가책을 느끼게 할 만한 창조적인 방법들을 생각해 보라. 이 강력한 심리적 방아쇠를 이용하면 수동적인 고객을 훨씬 수월하게 상대할 수 있을 것이다.

세일즈의 방아쇠 22　양심의 가책

당신이 유리하게 이용할 수 있는 인간의 단순한 심리가 있다. 상대방에게 무언가를 제공하면, 자동적으로 그의 마음속에서는 거기에 보답을 하려는 심리가 싹튼다. 이른바 양심의 가책을 느끼는 것이다. 그 사람은 당신이 제공한 것보다 훨씬 큰 보답을 주는 경우도 있다. 다이렉트 마케팅에서는 흔히 스티커나 멋진 컬러 팸플릿, 혹은 우편물을 반복적으로 발송하는 방법 등을 이용한다.

○ **실천 지침**
- 비용이 거의 들지 않으면서도 고객이 양심의 가책이나 보답의 필요성을 느낄 만한 수단을 찾아보라.
- 고객이 당신에게 빚을 졌다는 생각이 들도록 자발적인 구매를 유발하기 위해 당신은 어떤 서비스를 제공할 수 있는가?

23

좁쌀영감 전략

　판매를 위한 프리젠테이션을 하거나 의견을 제시할 때는 그 표현이 구체적이고 정확해야 한다. 그것은 당신의 신뢰성에 적지 않은 영향을 미치기 때문이다.
　한 가지 예를 들어보자. 만일 내가 "전국 어디서나 새로 개업한 치과의사들은 캡스냅 치약을 사용하며 추천하고 있습니다"라고 선전하면, 소비자들은 물건을 팔기 위해 과장된 문구를 사용한다고 생각할 것이다. 이런 식의 광고는 너무도 흔해서 고객은 그 말을 무시해버릴 뿐 아니라, 아예 다른 설명도 들으려고 하지 않을 것이다. 하지만 만일 내가 "새로 개업한 치과의사의 92퍼센트가 캡스냅 치약을 사용하며 추천하고 있습니다"라고 선전한다면 훨씬 믿음직하게 들릴 것이다. 소비자들은 우리가 과학적인 조사를 거쳤다고 믿고 치과의사들의 92퍼센트가 실제로 그 치약을 사용한다고 생각한다.

사람들이 어떤 일반적인 설명을 과장되었다고 생각하거나 전형적인 광고 스타일이라고 느끼면, 그런 설명은 무시되거나 의심을 받기 십상이다. 하지만 구체적인 사실을 담은 설명은 강력한 신뢰감을 줄 수 있다. 물론, 구체적인 사실은 정확하고 정직한 것이어야 한다.

나는 한때 수집용 제품을 취급하는 바트람 갤러리스Battram Galleries라는 회사를 설립하고 그 회사의 광고를 만들었다. 광고에서 나는 광고를 게재하는 비용과 제품의 정확한 원가를 밝혔다. 나는 우리가 판매로부터 별 이익을 남기지 못한다는 사실을 구체적인 수치로 제시했다. 그러자 그 광고는 대단히 성공을 하여 쇄도하는 주문 신청을 모두 받지 못할 정도였다. 물론 그것은 내가 바랐던 목표이기도 했다.

블루블로커 선글라스 광고에서 나는 푸른빛이 눈에 좋지 않은 이유를 구체적으로 설명했다. 푸른빛은 다른 색깔처럼 초점이 망막에 맺히지 않고 망막 앞쪽에 맺힌다. 따라서 망막에 도달하지 않는 푸른빛이나 광선을 차단해 주면 사물이 더욱 깨끗하고 선명하게 보인다. 이렇듯 구체적인 사실을 제시하면 그것이 비록 광고일지라도 믿음을 줄 수 있었다. 이런 설명은 "블루블로커 선글라스를 쓰면 사물이 더욱 깨끗하고 선명하게 보입니다"라는 무덤덤한 설명보다 훨씬 효과적일 것이다.

신체의 순환계통과 관련된 제품을 설명할 때는, "대단히 긴 혈관"이라고 하기보다는 "389km의 혈관"이라고 말하는 게 훨씬 설득력 있다. 발에 대해 얘기할 때는 "발바닥에는 많은 신경말단이 있다"라고 하기보다는 "발바닥에는 7만 2,000개의 신경말단이 있다"라고 말하는 게 낫다. 일반적이고 모호한 진술보다는 사실이나 구체적인 근거를 밝히는 게 더욱 설득력 있고 믿음을 준다.

구체적인 설명은 또 다른 장점이 있는데, 당신이 그 제품의 전문가처럼 보인다는 점이다. 그리고 연구를 많이 하여 제품에 정통하다는 인상을 주게 된다. 이 점 역시 신뢰와 신용을 강화시킨다.

사람들은 대개 광고에 대해 회의적인 시각을 가지고 있으며 광고에서 주장하는 내용을 대부분 믿지 않는 경향이 있다. 하지만 정확한 사실이나 수치를 제시하는 구체적인 메시지에는 강한 믿음을 갖는다.

세일즈에서 이런 점을 활용하는 것은 판매의 효과를 높이는 좋은 방법이다. 일반적인 내용보다는 구체적인 내용을, 근사치보다는 정확한 사실을 제시하면 고객이 제품을 더욱 신뢰하게 된다.

신뢰와 신용을 쌓으려면 정확한 사실을 밝히고 구체적인 설명을 제시하라.

세일즈의 방아쇠 23 구체적 사실

구체적인 사실을 곁들이면 고객에게 강한 신뢰감을 준다. 상투적인 말로 채워진 전형적인 광고는 식상할 뿐 아니라, 그야말로 과장된 선전으로 무시되기 쉽다. 구체적인 사실을 들어 설명하는 제안은 신뢰감을 증진시켜 판매의 가능성을 높여준다.

○ 실천 지침
- 당신의 주장에 구체적인 사실을 덧붙여라.
- 조사를 통해 얻은 세부 사항들을 수치를 곁들여 제시하라.

24

군대에서 꾸민
풍선껌 음모

    홍콩의 쿨롱 지역은 홍콩에서도 매우 이국적인 곳이다. 화려한 상점가와 오가는 수많은 사람들, 그리고 각종 소리와 특유의 냄새는 호기심을 자극하는 흥미로운 관광지로서 손색이 없다. 그곳은 정말 독특하다. 쿨롱에 있을 때는 고향에서 아주 멀리 떨어져 있는 것처럼 느껴진다.

    내가 그곳의 정취에 젖어 거리의 가게를 기웃거리며 걷고 있을 때, 저쪽에서 우리 납품업자 한 사람이 걸어오고 있는 게 보였다. 얼마나 놀랍던지! 홍콩과 같은 낯선 땅에서 아는 사람을 보자 반

갑기 그지없었다.

 사실 나는 그 사람과 그리 친하지는 않았지만, 이국땅에서 얼굴을 마주하니 갑자기 그와 가까워진 듯한 기분이 들었다. 나는 그와 저녁식사를 같이 하자고 제의했고 그는 선뜻 승낙했다. 그리고 저녁에 그와 상당한 시간을 함께 보내게 되었고, 결국 그는 내게 통상적인 판매량보다 훨씬 많은 양의 물건을 판매하게 되었다. 완전히 낯선 환경에서 낯익은 사람을 만나면 그에게 강한 매력을 느끼게 된다. 세일즈도 마찬가지다.

 잡지를 읽을 때 전에 여러 번 본 적이 있는 광고를 접하거나, 눈에 익은 회사명이나 로고를 보면 친숙한 감정이 생긴다. 낯선 광고들로 가득한 환경에서 눈에 익은 회사의 광고를 접하면 반가운 마음부터 든다. 마치 내가 홍콩에서 납품업자에게 끌렸듯이, 그 회사의 제품에도 상한 호감을 갖게 된다.

 그러므로 제품을 마케팅할 때에는 홍보를 충분히 하고 이름을 널리 알릴 필요가 있다. 일단 이름이 알려지면 많은 소비자들의 호감을 얻게 된다. 그렇기 때문에 브랜드명이 중요한 것이다. 친숙한 쇼핑 환경도 그래서 중요하다. 내가 홈쇼핑 채널인 QVC에서 블루블로커 선글라스를 판매할 때는 보유 물량이 단 몇 십분 만에 팔려나갔다. 또 월그린스 의약품 소매 체인점에서 그 선글라스를 팔기 시작했을 때도 단 몇 일 만에 품절되었다. 이 제품이 소비자에게 널리 알려졌다는 증거였다. 우리가 그 선글라스를 친숙한 쇼핑 환경에서 소개할 때마다, 브랜드의 친숙함과 결합되어 단시간에 품절 사태를 일으켰다.

'친숙하다'는 의미의 형용사 familiar와 명사 familiarity에는 '가정'이라는 의미의 family가 포함되어 있다. 사람들이 가장 편안함을 느끼는 곳은 가정이다. 사람들은 가정에 있을 때 무엇이든 쉽게 믿고 확신하는 경향이 있어 심리적으로 취약하다.

사람들은 친숙하게 느끼는 어떤 것에도 그런 경향을 보인다. 자신이 신뢰하는 브랜드를 구매하면 물건을 제대로 샀다는 확신을 품게 되고, 그런 면에 쉽게 설득당하는 게 사람의 심리이다.

전통적인 사고방식을 가진 광고주들이 저지르는 가장 큰 실수 중의 하나가 단지 싫증이 난다는 이유로 오랫동안 사용해 온 광고를 바꾸는 일이다. "유나이티드와 함께 편안한 비행을 즐기세요" 혹은 "당신은 오늘 맥도날드에서 휴식할 자격이 있습니다"는 소비자들에게 매우 친숙한 광고들이다. 소비자들은 친숙한 광고를 들으면 그 노래를 따라 부르기도 한다. 고루한 사고방식을 가진 광고주들은 흔히 자사의 광고에 대해 대중보다 먼저 싫증을 내곤 한다.

마케팅에서 특정한 광고를 변경하는 결정은 자의적으로 내려서는 안 된다. 대중의 관심을 벗어나 매출 하락의 기미가 보일 때까지 같은 광고는 계속되어야 한다. 더 이상 주문이 들어오지 않을 때에 비로소 그 광고를 새로운 것으로 대체해 새로운 반응을 이끌어내도록 유도해야 한다. 물론 소비자들의 호응도를 높이기 위해 광고를 끊임없이 개선하고 조정하는 것은 훌륭한 마케팅 기법이다. 하지만 단지 지겹다는 이유로 특정한 광고 컨셉을 바꾸거나 그만 두어서는 안 된다. 대중이 당신의 제품이나 서비스를 외면하고 더 이상 지갑을 열지 않으려고 할 때 광고를 변화시키기 바란다.

역시 고정관념을 탈피하지 못한 광고대행사에서 이렇게 말할지도 모른다.

"우리가 싣고 있는 광고에 대해 설문조사를 해 보았더니 좀 식상하다고 하더군요. 그래서 그 광고를 바꾸었으면 합니다."

하지만 이는 대단히 잘못된 생각이다. 광고의 효율성을 평가하는 데 현실적인 판매 성과 이외의 다른 기준이 존재해서는 안 된다. 정기적인 보수를 받으며 회사의 설문에 응하는 사람들은 대개 자신의 심리보다는 당신이 듣고 싶어 하는 것을 진술하는 경향이 있다. 제품 판매가 부진하다면 그때 광고의 변화를 검토해보라. 그리고 그 원인은 광고에 있지 않고 치열한 경쟁 때문이거나 마케팅 과정에 개입된 다른 요소 때문일 수도 있다.

어떤 단어나 숫자는 대부분의 사람들이나 인간의 의식 속에서 좀 더 친숙하게 느껴진다. 예를 들면, 친구에게 1에서 10까지의 숫자 중에서 머리에 떠오르는 아무 숫자나 한 번 대보라고 하면 7을 선택할 가능성이 높다. 그 이유가 무엇인지는 모르겠지만 7

은 다른 숫자보다 선택 확률이 항상 훨씬 높다. 따라서 10까지의 숫자 중에서 사람들에게 가장 친숙하고 보편적인 숫자인 7이 들어가 있는 책 제목이 적지 않다. 예를 들면, 〈인간관계를 개선하는 7가지 방법 Seven Ways to Improve Your Relationships〉나 〈성공을 위한 7가지 마음의 법칙 The Seven Spiritual Laws of Success〉, 〈성공하는 사람들의 7가지 습관 The 7 Habits of Highly Effective People〉 등이 있다. 이것은 독자들에게 친숙하고 안정적인 매개체를 이용하는 방법이다.

주변 사람들에게 머리에 떠오르는 색깔 하나를 말하게 해 보라. 그러면 상당수가 빨간색을 얘기할 것이다. 또 집안의 가구 이름을 하나 대라고 해 보라. 그러면 의자가 많이 나올 것이다. 사람들에게 묘하게도 친숙한 감정을 불러일으키는 보편적인 말이 있는가 하면, 고객의 입장에서 '할인'이나 '무료'처럼 힘이 느껴지는 말도 있다. 또한 당신이 판매하는 제품과 밀접한 관련이 있고 그 제품의 열렬한 신봉자인 당신에게는 매우 익숙하지만, 보통 사람에게는 귀에 금방 들어오지 않는 말도 있다.

그렇다면 판매에서는 친숙함의 힘을 어떻게 이용할 수 있을까? 첫째, 당신의 고객과 친숙해져라. 내가 계산기를 판매할 때 우리 집을 방문했던 세일즈맨을 기억하는가?(2장) 그는 정기적으로 나를 찾아왔기 때문에 나와 친해졌다. 그리고 내가 보험에 가입할 필요가 생기자 나는 기꺼이 그의 고객이 되었다.

나는 여러 부동산업자로부터 자주 구매를 권유받곤 한다. 그중에서도 내가 가장 친숙하게 느끼는 업자는 내게 계속해서 우편물을 발송했던 사람이었다. 그러던 어느 날 집을 팔기 위해 부동산 업자를 선택할 때, 나는 빈번하게 우편물을 발송하여 인상을 남겼던 바로 그 사람에게 연락을 취했다.

정치인들이 선거구에서 자신의 이름을 널리 알리려는 이유도 여기에 있다. 모든 조건이 동일한 상황에서 인지도가 높은 정치인이 선거에서 승리할 가능성이 훨씬 높다.

내가 군대에 있을 때에도 친숙함의 힘을 체험한 적이 있다. 당시 독일 프랑크푸르트 정보부대에 있던 나는 사복을 입고 근무했으며 매우 자유롭게 생활했다. 그런데 어느 날, 나 스스로 함정을 판 일이 있었다. 난 상급자에게 10일간 휴가를 간다고 말만 해 놓고 미국으로 떠났다.

독일로 돌아왔을 때, 나는 자리를 박탈당했다는 사실을 알았다. 나는 공식적인 서류를 제대로 작성하지 않았기 때문에 휴가 기간 동안 탈영해 있는 것으로 간주되었다. 그야말로 청천벽력이었다. 나는 독일의 오베우르셀이라는 한적한 마을에 소재한 작은 정보부대로 좌천되고 말았다. 그리고 다시 군복을 입고 근무했고 활동 범위도 제약을 받았다.

그 후 수 주 동안, 부대에 임무를 부여하려고 종종 방문하는 사령관의 관심을 끌기 위해 나는 온갖 노력을 다했다. 당시 나의 임무는 장교들이 많이 지나다니는 초소 중 하나에서 경계근무를 서는 일이었다. 어느 날부터 나는 유머가 실린 이야기를 타이핑해서 게시판에 붙여놓기 시작했다. 그러자 아침에 장교들이 들어오면서 제일 먼저 그것부터 읽고 유쾌한 웃음을 터뜨리곤 했다. 나는 그 유머를 모두의 하루가 즐겁도록 내가 붙여놓았다는 사실을 그들에게 열심히 인식시켰다.

또 장교들의 아이들이 부대 옆으로 많이 지나다닌다는 사실을 알고 풍선껌을 한 박스 사다놓았다. 그러고는 아이가 지나갈 때마다 불러서 풍선껌을 한 개씩 주면서 이렇게 속삭였다.

"자, 풍선껌 씹어. 그리고 다른 사람에게는 절대 슈거맨 씨가 껌을 주었다고 말하면 안 된다. 슈거맨 씨, 기억해 둬. 슈거맨 씨가 이 껌을 주지 않았다는 걸."

나는 매일 이렇게 말하며 아이들에게 껌을 제공했다. 재미있는 이야기를 적은 게시물을 붙여놓고 풍선껌으로 아이들을 현혹시킨 후, 얼마 지나지 않아서 나는 훨씬 좋은 보직으로 발령을 받았다. 내가 인사담당자에게 새로운 자리에 어떻게 나를 적임자로 뽑았는지 묻자, 그는 내게 이렇게 대답했다.

"이 보직에 어울리는 사람을 찾았는데, 자네 이름이 가장 많이 나오더군."

사람들은 친숙한 사람이나 기업으로부터 물건을 구매하는 경향이 있다. 친숙함이라는 심리적 방아쇠를 잘 아는 세일즈맨이라면 판매 과정에서 고객이 제품과 서비스를 익숙하고 편하게 여기도록 만드는 것이 중요함을 안다. 항상 당신의 이름이 고객의 눈에 띄도록 하라. 친숙한 브랜드명, 많이 알려진 로고, 사람들이 직관적으로 당신을 떠올릴 수 있는 슬로건, 대중이 공감할 수 있는 친숙한 문구나 단어 등의 중요성을 인식하기 바란다. 이 모든 것들이 당신과 고객 사이에 친밀한 감정을 일으킨다.

세일즈의 방아쇠 24 친숙함

사람들이 물건을 구매할 때는 친밀하게 느끼는 브랜드나 제품, 혹은 유명 회사를 선호하는 경향이 있다. 고객이 당신의 브랜드나 회사에 친숙할수록 당신의 주장을 믿고 제품을 구매할 가능성이 높다.

◉ 실천 지침
- 고객에게 지속적으로 당신과 당신 기업의 존재를 각인시켜라.
- 지속적인 홍보와 인상적인 광고 등으로 회사와 제품의 인지도를 높여라.

25

고객과 진한 사랑나누기

내가 세일즈에 대해 초기에 배운 교훈 중의 하나는 판매 분위기를 조성하는 일이었다. 그곳이 화랑이든 자동차 전시실이든, 판매에 도움이 될 만한 물리적 환경을 꾸며놓는 것이다.

그렇게 판매에 적합한 환경을 만들어 고객과 마주하고 있다면, 다음 단계는 자신을 소개한 후 고객이 집중력을 잃지 않도록 유도하면서 당신의 프리젠테이션에 동감하도록 만들어야 한다.

이 과정에서 당신은 두 가지 목표를 갖게 된다. 첫째는 고객이 당신에게 호감을 느끼고 점차 신뢰하는 마음을 갖도록 만들어야 한다. 둘째는 세일즈맨으로서 당신은 제품을 고객의 욕구와 연관시켜야 한다. 이는 세일즈의 명백한 원칙이다. 구매자와 공감대를 형성해야 하는 것이다. 그렇지 않으면 설득력 있는 세일즈 메시지는 최종적인 성공을 거두기 어렵다.

광고 마케팅에서는 고객과의 이런 조화를 창조하는 많은 방법들이 있는데, 그 원칙은 다음과 같다. 첫째, 광고를 대하는 잠재 고객이 "그래, 맞아"라고 공감을 느끼도록 유도한다. 둘째, 정직하고 믿을 만한 진술을 한다.

하지만 고객과 일대 일로 대면하며 판매하는 상황에서는 어떨까? 조 카푸셔라는 자동차 세일즈맨이 고객을 상대하는 경우를 예로 들어보자.

"존스 씨, 날씨 참 좋군요, 그렇죠?"

조는 이렇게 운을 뗀다. 존스는 "그렇군요"라고 대답할 것이다.(실제로 날씨는 좋기 때문에 조의 말은 어쨌거나 믿음직하다. 고객이 긍정적으로 대답할 때 조는 고개를 끄덕인다.)

"존스 씨, 제가 보니까 차를 아주 깨끗하게 타셨더군요, 그렇죠?"

조의 말이다.

"네, 그래요."

존스가 대답한다.(여기에서 조는 존스가 고개를 끄덕이며 "네"라는 대답을 하도록 유도하고 있다. 그는 존스를 기분 좋게 하기 위해 칭찬의 말을 건넨 것이다.)

"존스 씨, 지금 폰티악을 소유하고 계시고 저희는 폰티악을 판매하고 있어서 권해드리는데요. 이제 새 차를 타실 때가 된 것 같군요. 그렇지 않습니까?"

조가 이렇게 묻자 존스는 "네, 바꿀 때가 됐지요"라고 대답한다.(조가 고개를 끄덕이며 던지는 다소 노골적인 질문에 존스도 고개를 끄덕이며 긍정적으로 대답한다.)

"그럼 현재 소유하신 모델을 개선한 최신 모델을 보여드릴까요, 아니면 예전 모델을 보여드릴까요?"

조는 또 이렇게 질문한다.

"최신 모델이요."

존스의 대답이다.(조는 또 다시 세일즈 과정을 바람직한 방향으로 유도하는 긍정적인 대답을 얻어내고, 존스와 공감대를 형성하고 있다.)

한마디로 말해서 당신은 고객을 격려해 어떤 질문에서건 긍정적인 대답을 이끌어내고 당신의 생각에 동의하도록 유도해야 한다. 적어도 고객이 정확하다고 느끼고 동감할 수 있는 있는 설득력 있는 얘기를 해야 한다. 고객이 당신의 말에 반감을 가져서는 안 된다.

예를 들어, 조가 무턱대고 "새 폰티악을 타시겠어요?"라고 묻는다면 고객은 "아니오"라고 대답할 가능성이 높아지고, 판매 상황은 악화되며 고객과의 조화는 깨져버릴 것이다. 신문이나 잡지 광고라면 독자들은 읽기를 멈추고 페이지를 넘겨버릴 것이다.

광고에서는 독자가 "이건 아닌데"나 "이건 믿을 수 없는 걸", 혹은 "나와 관계없는 얘기네"라고 생각하는 순간, 당신에게 등을 돌려버린다. 하지만 독자가 "그래 맞아"라고 긍정하면서 당신의 의견을 계속 믿고 관심을 갖게 되면 고객과 공감대를 형성하게 된다. 그러면 당신과 고객은 어깨를 나란히 하고 세일즈 메시지의 성공적인 결말을 향해 전진할 수 있다.

대면판매에서도 마찬가지다. 단지 대면판매의 경우는 몇 가지 감정적인 요소들을 고려해야 한다. 우선 고객이 당신의 의견에 계속해서 고개를 끄덕이며 동의를 이어가도록 유도해야 한다.

직접적인 판매 상황에서 어떤 말은 판매 과정을 이끌어가는 데 도움이 된다. 한 가지 좋은 방법은 먼저 긍정적인 의견을 제시하고 끝에 긍정적인 대답을 유도하는 질문을 덧붙이는 것인데, 나는 이를 "고개를 끄덕이게 하는 부가의문"이라고 부른다. 예를 들어, 앞의 예에서 조는 각각의 의견 끝에 부가의문을 붙여 존스로부터 '네'라는 대답을 이끌어내고 있다.

"그렇죠?", "그렇지 않나요?", "아닌가요?"라고 부가의문을 덧붙이는 것은 "네"라는 대답을 은연중에 강요하는 효과가 있다. 그냥 "날씨 참 좋군요"라고 말하면 상대방은 "네"라는 대답을 하지 않을 수도 있다. 하지만 "날씨 참 좋군요, 그렇죠?"라고 끝에 부가의문을 덧붙이는 것은 고객에게 긍정적인 대답을 유도하는 테크닉이다. 하지만 이런 식의 화법을 사용할 때 주의해야 할 점이 있다. 부가의문을 남용하면 말재주가 뛰어난 세일즈맨의 상투적인 화술로 여겨질 수 있다는 점이다. 부가의문에 익숙해 있는 세련된 고객을 상대로 이런 화법을 쓴다면 고객은 이용당하고 있다는 느낌을 받고 당신에게 반발심을 느낄지도 모른다. 그렇지만 대부분의 세일즈 상황에서 부가의문은 "네"라는 대답을 이끌어 내는 데 도움이 된다. 단 광고에서는 이런 화법이 부적절하기 때문에 사용할 필요가 없다.

두 번째로 고려해야 할 사항은 고객이 당신에게 호감을 갖도록 만드는 일이다. 광고에서 고객은 당신을 볼 수 없다. 따라서 광고에서 그런 기능을 하는 것은 거기에 적혀 있는 글들이다.(물론 광고의 레이아웃과 회사의 명성도 함께 작용한다.)

고객이 당신에게 호감을 갖도록 하기 위해 광고에 이용하는 많은 원칙들은 대면판매 상황에도 적용된다. 예를 들어 정직, 성실, 신뢰 등의 개념은 광고에서도 중요하지만 대면판매에서도 대단히 중요하다. 칭찬도 유용하다. 칭찬은 타당성이 있어야 하지만 고객에게 칭찬을 한 마디씩 해 줄 때마다 당신에 대한 호감도는 높아지기 마련이고 그만큼 판매 가능성도 높아진다.

적절한 복장도 중요하다. 이것은 반드시 양복과 넥타이로 정장차림을 해야 한다는 의미가 아니다. 고객과 비슷한 차림이 바람직하다는 의미이다. 너무 잘 차려 입는 것도 그렇다고 너무 캐주얼하게 입는 것도 좋지 않다. 그리고 또 하나의 중요한 사항은 당신이 사용하는 말이다. 당신은 고객이 당신의 설명이나 의견을 이해하고 동의하기를 원할 것이다. 하지만 고객이 당신이 하는 말을 이해하지 못하거나 그 말이 자신과 상관이 없다고 느끼면 그는 당신과 공감하기는커녕 거리감만 느낄 것이다. 이 규칙의 한 가지 예외가 있는데, 당신이 전문지식을 설명할 때 쓰는 말이다. 14장에서 설명한 바와 같이 전문지식은 당신에 대한 고객의 신뢰를 더욱 강화시켜 준다.

고객에게 커피를 한 잔 권했다면 당신도 함께 한 잔 마시기 바란다. 이것은 일치를 의미하는 행동양식이다. 이제 당신은 고객과 비슷한 차림새이고 같은 커피를 마시면서 고개를 동시에 끄덕이고 있다. 이것은 내가 '패터닝 Patterning'라고 부르는 것으로서, 고객의 행동 패턴에 나의 행동을 일치시키는 방법이다. 패터닝은 서로를 긍정하는 대답과 고개를 끄덕이는 보디랭귀지를 통해 합의를 더욱 강화하는 역할을 한다.

여기에다 칭찬의 말을 던지면서 공손하고 정직하고 성실한 모습을 보여주면, 당신은 세일즈의 성공을 위한 완벽한 공식을 얻은 셈이다. 패터닝이나 고객의 행동을 마치 거울처럼 따라 하는 '미러링 Mirroring'은 '탄트라'라는 고대의 사랑 행위에도 이용되었다. 남성과 여성은 마주 앉아 서로의 눈을 정면으로 응시한다. 두 사람은 완벽한 조화와 리듬 속에서 호흡을 일치시킨다. 이런 단순한 행동으로 남성과 여성은 마음의 문을 열고 대화를 나누며 육체적인 사랑 행위를 준비한다. 세일즈 과정에서 고객의 행동 패턴을 따라 하면 당신에 대한 호감이 일어나고 잠재의식의 차원에서 서로 마음이 통하게 된다. 그 결과 고객은 당신의 구매 권유를 좀 더 쉽게 받아들일 수 있게 된다. 고객의 행동을 눈치채지 못하게 모방하는 것은 판매를 성공시키는 데 큰 효과가 있다.

패터닝은 효과적인 판매 테크닉의 틀을 만드는 데도 유용하다. 예를 들어, 내가 자동차 세일즈맨이라면 자동차 판매에 큰 성공을 거둔 다른 사람의 행동이나 기법을 배울 것이다. 나라면 자동차 세일즈에 관한 조 지라드의 책을 숙독할 것이다. 그는 미국에서 자동차 판매왕으로 유명한데, 그의 연간 판매량은 어마어마해서 기네스북에 세계 최고의 세일즈맨으로 등재되어 있을 정도이다. 단 1년 동안 개인들에게 2,000대의 자동차를 판매했다는 걸 믿을 수 있겠는가? 더욱이 그는 여러 해 동안 계속해서 그 정도의 실적을 올렸다. 내가 당신이라면 이런 위대한 세일즈맨이 쓴 책들을 두루 섭렵해서 그의 세일즈 기법을 따라해 볼 것이다. 자동차가 아닌 다른 제품을 취급하는 세일즈맨에게도 세일즈에 정통한 그런 사람의 책은 많은 도움이 될 것이다.

광고에도 이런 패터닝을 응용할 수 있다. 광고문 작성법을 다룬 나의 책에서 나는 여러 분야에서 이미 성공을 거둔 광고 패턴을 모델로 삼아 그런 방식을 본받는 방법에 대해 설명하였다. 물론 나는 기존의 광고 형식을 표절하거나 아주 흡사하게 보이도록 만들어서는 곤란하며, 그것을 응용하여 개성을 드러내야 한다는 점을 강조했다.

우리 모두가 유아 시절부터 모방 행동을 해 왔으며 이것은 우리가 세상을 배우는 방법이다. 우리는 흔히 자신이 존경하는 인물을 본받으려고 한다. 마이클 조던이 나이키 신발 광고에 출연한 후, 이 신발이 엄청나게 판매된 이유도 거기에 있다.

패터닝은 일치를 의미하는 행동양식이다. 그리고 궁극적으로 우리가 추구하는 것도 고객과 마음을 일치시키는 일이다. 고객이 잠재의식 속에서 서서히 판매를 결정짓는 단계로 접어들면 당신의 모든 말과 행동을 고객과 완벽하게 일치시켜라. 고객이 계속해서 고개를 끄덕이며 긍정적인 대답을 하다가 마침내 "주문을 하겠습니다"라는 마지막 한 마디를 던질 때까지 당신은 긴장을 늦춰서는 안 된다.

---------- **세일즈의 방아쇠 25** **패터닝**

당신의 제품과 유사한 제품을 성공적으로 판매한 사람이 있다면, 그가 사용한 기법을 응용하라. 하지만 똑같이 모방해서는 안 된다. 성공한 사람들이 사용한 기법을 적절히 응용하면 의외의 성과를 거둘 수 있다. 당신만의 독창적인 판매 기법은 성공한 후에 이용해도 늦지 않을 것이다.

◎ **실천 지침**

- 당신이 종사하는 분야에서 가장 성공적인 사람들이 이용한 패턴을 자세히 관찰하라.
- 그것을 복제하지 말고 적절히 변형시켜 이용할 방법을 구상하라.

26

대박 터뜨리기

'희망'은 구매의 강력한 동기로 작용한다. 여성은 얼굴의 주름이 없어지리라는 희망으로 마사지 크림을 구매한다. 열렬한 골프 애호가는 타수를 줄이겠다는 희망을 품고 새 골프클럽을 구입한다. 사람들이 제품이나 서비스를 구매하는 이유는 장차 어떤 혜택에 대한 기대를 품고 있기 때문이다. 미래의 혜택은 보장되지도 보증되지도 않는다. 그것은 꿈이자 환상이며 기껏해야 하나의 가능성일 뿐이다.

그럼 오디오나 컴퓨터와 같은 실용품을 사면 현실적인 혜택이

보장될까? 구매자는 그런 물건들 역시 희망을 품고 구매한다. 그는 생활이 더 편리해질 것이라는 희망을 품고 컴퓨터를 구입했을 것이다. 또 어떤 불편함을 해결해 줄 것이라는 희망을 품고 오디오를 구입했을 것이다.

희망이 얼마나 강력한지 알고 싶다면 게임 사업을 관찰해 보면 된다. 수백만 명의 사람들이 라스베이거스로 날아가 카지노에 돈을 뿌린다. 카지노는 그야말로 돈 찍는 사업이라고 해도 과언이 아니다. 게임 사업의 원동력은 바로 희망이라고 할 수 있다.

보다 명확한 예가 미국식 복권인 파워볼이다. 한때는 2억 9,200만 달러가 당첨금으로 내걸린 적도 있었다. 당시 당첨 확률은 8,000만분의 1이었지만, 20개 주에서 사람들이 그 행운의 복권을 사기 위해 수 시간 동안 줄을 서서 기다렸다.

사람들이 희망을 품고 되풀이해서 구매하는 제품도 있다. 예를 들면, 비타민이 그런 제품 중의 하나이다. 비타민으로 건강이 좋아진다고 할 수 있을까? 물론 그렇게 말하는 사람들이 있다. 만일 당신이 비타민을 판매한다면 비타민으로 건강해질 수 있다고 생각하는 사람들을 상대로 인터뷰를 하라. 그리고 그들이 환하게 웃으면서 비타민의 효능에 대해 진술하는 장면을 비디오에 담아 텔레비전 광고를 해 보라. 제품을 홍보하는 데 그만한 효과를 볼 수 있는 방법도 드물다. 텔레비전 광고를 접하고 강한 인상을 받은 고객들은 자신도 건강해지리라는 희망을 품고 당신의 제품을 구매하기 시작할 것이다. 이런 광고의 포인트는 특별히 제품에 대해 보증을 하지 않고 소비자들의 증언만으로 그 효능을 암시하는 것이다.

세일즈에서는 이 기법을 어떻게 활용할 수 있을까? 희망을 강력한 자극의 도구로 삼아 판매할 수 있는 제품들이 많다. 그러자면 우선 제품의 본질을 파악하고, 특별한 보증을 언급하지 않고서도 혜택이나 효과를 암시할 수 있는 기법을 준비해야 한다.

이처럼 많은 제품들이 희망이라는 방아쇠의 힘에 의존하고 있다. 건강식품 사업은 대표적인 예로서, 바로 비타민이나 건강보조식품이 여기에 해당한다. 골프 타수를 낮추기, 새로운 인간관계의 형성, 주름 방지, 연인 감동시키기 등이 희망이라는 심리적 방아쇠로 이용할 수 있는 단서들이다. 또 이런 제품들의 상당수는 직접 대면하는 판매 방식으로 팔리고 있다. 대면판매가 일종의 기술이라고 볼 수 있는 이런 산업에서 희망은 판매를 성공시키는 중요한 도구이다.

특수한 제품을 판매할 때도 희망을 이용할 수 있다. 예를 들어, 인쇄 기계를 구매하려는 인쇄업자는 새 기계가 생산성의 문제를 해결해 줄 것이라는 희망을 품을 것이다. 이때 당신은 새 기계가 그 문제를 어떻게 해결할 수 있는지 보여줌으로써 희망이라는 방아쇠를 구매 동기로 이용할 수 있다. 당신은 인쇄 기계가 통상 얼마나 많은 페이지를 얼마나 빠르게 인쇄할 수 있느냐는 질문에 구체적으로 대답해야 한다. 이 설명은 구제품과 신제품을 비교하는 데 초점을 두어야 하는데, 여기에 최고 속도를 덧붙여 언급하는 게 좋다. 고객은 최고 속도가 기계의 효율적인 가동능력이 될 수 없다는 사실을 알게 될 테지만, 자신이 안고 있는 인쇄 문제를 최고 속도로 해결할 수 있겠다는 희망을 품는다.

희망의 힘을 이용해 제품을 설명할 때 염두에 두어야 할 사항이 '신뢰'이다. 당신이 신용 있는 회사를 대표하는 제품 전문가이자 믿을 만한 인물로 비쳐지면 당신의 말은 고객의 마음에 신뢰감을 줄 것이다. 그러면 당신이 제품의 효과에 대해 어떤 사례를 들려주든 고객은 그 효과의 실현 가능성을 높이 사게 된다. 그럼으로써 희망의 힘은 구매를 촉진시키는 동력으로 작용한다.

어떤 제품을 판매하든 고객이 당신을 신뢰하면 당신은 쉽게 희망의 힘을 가동시킬 수 있다. 희망은 동기를 부여하고 영감을 불어넣으며 판매를 성사시킬 수 있는 세일즈의 강력한 힘이다.

세일즈의 방아쇠 26   희망

당신의 제품이 주는 기대감은 고객의 구매를 유발시킬 수 있는 매우 강력한 동기이다. 무언가를 하고 싶고 무언가가 되고 싶고 무언가를 갖고 싶은 잠재 고객의 마음속에는 풍부한 가능성이 존재한다. 그 모든 것이 희망의 힘이다.

◉ **실천 지침**
- 당신의 제품을 구매하면 특별한 혜택이 주어진다는 희망을 암시적으로 표현할 수단을 찾아라.
- 암시적인 표현이란 혜택을 보증해 주는 것이 아니라, 혜택의 충분한 가능성을 고객이 스스로 인식하게 만드는 것이다.

27

노골적인
세 번째 유혹

지금까지 세일즈와 마케팅에서 내가 크게 성공할 수 있었던 가장 중요한 요인을 하나 꼽으라면 그것은 '호기심'일 것이다. 소매 시장에서는 고객이 제품을 만져보고 느껴본 후 구매 여부를 결정한다. 하지만 광고나 통신판매를 이용하는 고객은 그렇게 할 수 없다. 광고 제품은 외관이 좋아야 하고 고객이 기대하는 바를 충족시켜야 한다. 하지만 제품에는 항상 고객의 호기심을 자극하는 요인이 있다. 고객의 마음속에서는 늘 이런 생각이 떠오른다.

"저 물건을 한 번 사용해 보면 어떨까?"

텔레비전 홈쇼핑에서 블루블로커 선글라스를 판매할 때, 나는 가능한 한 고객의 호기심을 강하게 자극했다. 나는 거리에 지나다니는 평범한 사람들에게 그 선글라스를 써보게 했다. 그리고 그들의 반응을 비디오에 담았다. 그중 상당수의 사람들이 대단히 긍정적인 반응을 보였고, 나는 그 비디오를 텔레비전 광고에 보여줌으로써 시청자들의 궁금증을 불러일으켰다.

"저 선글라스를 쓰면 어떻게 보이는 걸까? 특히 오렌지색 선글라스를 쓰면 어떻게 보이기에 저렇게들 열광할까?"

나는 실제로 선글라스를 썼을 때 보이는 모습은 텔레비전 화면으로 보여주지 않았다. 그러면 시청자들의 호기심이 사라질 것이기 때문이다. 그리고 실제로 선글라스를 썼을 때 보이는 모습은 텔레비전 카메라를 통해 비추는 모습과 동일지도 않다.(사실 렌즈를 통해 사물을 볼 때 인간의 뇌는 색깔 변화에 적응을 하지만, 텔레비전 카메라는 그런 적응을 하지 않는다.) 어쨌든 나는 선글라스를 썼을 때 보이는 사물의 모습을 보여주지 않음으로써 시청자들의 호기심을 더욱 자극했다. 시청자들이 호기심을 충족시키려면 선글라스를 구매하는 수밖에 없도록 말이다. 그런 마케팅으로 이 선글라스는 6년 간 계속한 시리즈 광고를 통해 거의 800만 개가 팔렸으며, 10년 동안 총 2,000만 개가 팔렸다.

책을 비롯한 지식 상품의 판매에도 호기심은 큰 영향을 미친다. 당신이 책을 판매한다면 그 책에서 얻을 수 있는 지식이나 정보의 유용성을 강조함으로써 고객의 호기심을 불러일으킬 수 있다. 실제로 책을 판매할 때 고객을 자극할 수 있는 가장 강력한 요소는 호기심이며, 이는 악평이나 호평의 결과로 이어진다. 만질 수도 없고 느낄 수도 없기 때문에 발생하는 호기심은 광고 판매의 가장 강력한 요소로 작용한다.

대면판매에서는 즉각적인 만족감이 가장 강력한 요소가 된다. 따라서 다이렉트 마케터가 그 사실을 인식하고 제품의 장점을 신속히 전달할 수 있다면 대면판매의 특징을 제대로 이용하고 있다고 볼 수 있다.

광고를 이용한 나의 경험 사례들을 통해 판매에서 이러한 힘을 어떻게 이용할 수 있는지 알아보자.

나는 호기심 방아쇠에 전적으로 의존해 많은 제품을 판매했다. 포켓용 카세트를 판매할 때, 나는 소비자들에게 그 물건의 외관을 전혀 보여주지 않았다. 하지만 호기심을 자극하여 수천 개를 판매했다. 물론 가격도 적당했고 품질도 훌륭했다. 하지만 물건을 보여주지 않았을 뿐 아니라, 심지어 브랜드명도 소개하지 않으면서 세일즈 메시지를 설득력 있게 제시할 수 있었다.

이러한 호기심 방아쇠를 판매에서 어떻게 효과적으로 이용할 수 있을까? 특히 지식 상품을 판매할 때는 호기심이 강력한 구매 동기가 될 수 있다는 점을 염두에 두고 그것을 주요 기법으로 활용하기 바란다. 또한 다른 종류의 제품을 판매할 때도 호기심을 유발하고 수요를 창출하기 위해서는 제품 내용의 일부를 밝히지 않을 수 있다는 것도 기억해 두기 바란다.

제품의 면면을 세세히 다 보여주고 미주알고주알 모두 설명함으로써 호기심의 힘을 약화시킨 적은 없는가? 호기심은 판매 과정에서 대단히 강력한 요소이고 고객을 자극하는 가장 중요한 원인 중의 하나라는 점을 명심하기 바란다.

광고에도 호기심을 적절히 이용할 수 있다. 이는 광고 초반에 제품의 혜택이나 가치에 대해 뒤에서 밝히겠다고 언급하는 방식이다. 그러면 소비자는 그것이 무엇인지 궁금하여 광고를 끝까지 읽지 않을 수 없다.

세일즈를 할 때는 제품 설명의 초반에, 나중에 중요한 사항을 밝히겠다고 넌지시 암시하면서 고객의 호기심을 유발시킬 수 있다. 알맹이를 잠시 숨겨두면 고객은 당신이 제품을 설명하는 내내 주의를 집중하면서 제품의 혜택을 기대한다. 제품에 대한 고객의 관심을 집중시키는 데 이 방법은 대단히 효과적이다.

또 다른 예는, 내가 광고에서 종종 사용한 방법으로서 소위 '호기심의 씨앗'을 뿌리는 것이다. 나는 한 단락의 끝에 "하지만 이게 전부가 아닙니다"라는 문구를 넣어 다음 단락의 내용에 대한 궁금증을 유발시켰다. 혹은 이런 식의 문구를 사용하기도 했다.

"그런데 다음 얘기는 더욱 흥미롭습니다."

간단히 말해, 나는 광고 카피를 만들 때 독자들이 읽기를 멈추지 않도록 각 단락의 말미에 기름칠을 해 두는 것이다. 제품을 설명할 때 고객이 당신에게 신경을 집중하고 당신의 메시지에 관심을 쏟도록 만들기 위해서는 이와 동일한 기법을 이용할 수 있다. 고객은 당신의 말을 듣고 있는 것처럼 보이지만, 머릿속에서는 내일 친구와 쇼핑을 가거나 다음 주에 관람할 스포츠 게임에 대해 생각하는 경우가 아주 흔하다.

예를 들면, 나는 드릴을 판매할 때는 이런 식으로 접근했다.

"제가 방금 말씀드린 내용이 중요하다고 생각되면 제 말을 끝까지 들어보십시오."

고객이 충분히 공감할 정도로 호기심의 씨앗을 뿌려두기 바란다. 그러면 판매를 더욱 효과적으로 진행할 수 있다.

광고를 만들 때, 당신은 소비자들이 이해하기 쉽게 만들고 싶을 것이다. 즉, 가능한 한 많은 사람들이 광고를 읽고 세일즈 메시지를 이해하기를 바라는 것이다. 대면판매도 마찬가지다. 고객이 귀를 기울이고 있는 것처럼 보인다고 해서 그 사람이 당신의 세일즈 메시지를 이해하고 있다고 볼 수는 없다. 그러므로 설명을 하는 동안 호기심 방아쇠를 군데군데 적절히 사용하면 세일즈의 메시지를 훨씬 더 효과적으로 전달할 수 있다.

특히 설명의 시작 부분에서 제품의 가치에 대해 강한 호기심을 유발시킨다면 끝까지 고객의 주의를 끌 수 있을 것이다. 호기심은 분명히 고객의 마음을 사로잡아 통상적인 경우에는 시도하지 않던 행동을 유도하는 힘이 있다. 하나의 구체적인 사례를 들어보자.

어느 날 내가 사무실에 있을 때 육감적인 목소리의 여성에게서 전화가 걸려왔다. 자신의 이름이 진저라고 밝힌 그 여성은 다짜고짜 이렇게 말했다.

"슈거맨 씨, 전 당신을 사랑합니다."

나는 순간적으로 당황했지만, 곧 누가 장난을 친다고 생각했다. 그래서 이렇게 대답했다.

"고맙습니다. 저도 당신을 사랑합니다."

그러자 그 여성은 이렇게 말했다.

"아뇨, 농담하는 게 아녜요. 저는 지난 5년 동안 슈거맨 씨의 광고를 읽어왔는데요. 그러면서 당신의 마음과 사고방식을 사랑하게 되었답니다. 그리고 당신의 창조적 개성도 사랑하고요. 그래서 이제는 당신이 쓴 글만 봐도 당신에 대해 많은 걸 얘기할 수 있습니다. 저는 정말 당신을 믿고 진정으로 사랑합니다."

나는 처음에는 놀랐지만 그녀의 칭찬에 곧 으쓱해졌다. 물론 그녀의 전화를 받기 전에도 내 광고 카피에서 개성이 돋보인다는 얘기를 많이 들어오긴 했다. 그리고 나 자신도 그걸 믿고 있었다.

당신이 정직하지 못한 카피라이터라면 독자들은 당신의 광고에서 그것을 감지한다. 당신이 제품에 대해 설명하면서 무언가를 숨기고 있다면 소비자들은 그것을 금세 알아차리게 된다. 당신이 매우 창조적이라면 그것 또한 드러나기 마련이다. 광고에서는 독자들이 받는 이런 인상과 느낌이 조합되어 구매 분위기가 조성된다.

다른 사람의 광고를 한 번 살펴보라. 그러면 그가 어떤 부류의 사람인지 예측할 수 있다. 당신은 광고가 그것을 만든 사람의 개성을 충분히 반영하고 있다는 사실에 놀랄 것이다. 회사의 CEO를 위해 일하는 마케터는 광고에서 자신보다는 CEO의 개성을 드러내고자 할 것이다. 나는 광고를 직접 작성하기 때문에 소비자들은 광고를 통해 나에 대해 많은 것을 알 수 있다. 다시 진저라는 여성의 이야기로 돌아가보자.

진저는 그저 입에 발린 칭찬을 하고 있는 것일까? 아니면 나를 직접 만난 적도 없는데, 오직 광고만을 읽고 내게 어떤 개인적인 감정을 느낀 것일까? 그녀는 계속해서 이렇게 말했다.

"슈거맨 씨, 저를 도와줄 분은 슈거맨 씨뿐이에요. 개인적으로 한 번 뵙고 싶습니다. 저를 만나보시면 절대로 후회하지 않으실 거예요."

진저가 나의 사무실에 들어섰을 때, 내가 후회하지 않을 거라고 했던 그녀의 말이 무슨 뜻인지 알았다. 그녀는 날씬하고 아름다운 금발의 여성이었다. 그녀가 너무 짧은 미니스커트를 입고 있어서 자리에 앉을 때 난 당황해서 눈을 어디다 두어야 할지 몰랐다.

"슈거맨 씨, 제가 당신을 조라고 불러도 될까요?"

그녀는 이렇게 말했다.

"그럼요."

나는 자리에 앉아 스커트 매무새를 고치고 있는 그녀로부터 눈길을 돌리며 대답했다.

"조, 솔직히 말씀드릴게요. 저는 아주 오랫동안 당신이 만든 광고에 매료되어 왔어요. 저는 전자제품이나 각종 기기에 대해서는 관심이 많지 않지만, 당신이 그런 제품을 소개하는 광고를 꼭 읽어보곤 했답니다. 그래서 어느 때부터인가 당신을 좋아하는 감정이 생겼어요. 말도 안 되는 얘기 같지만 제가 힘든 상황에 처했을 때 당신 말고 다른 사람은 생각할 수도 없었어요. 저는 정말 당신이 필요해요."

그녀는 속으로 눈물을 삼키려는 듯이 잠시 말을 멈추었다가 다시 이어갔다.

"저는 한 쇼핑센터에서 화장품 가게를 운영하는데요. 쇼핑센터가 붐빌 때는 가게에 들어와 화장품을 사가는 사람들이 많지요. 하지만 쇼핑센터가 한가해지면 제 가게를 찾는 사람도 대폭 줄어들어요. 쇼핑센터를 오가는 사람들의 비율에 따라 기복이 심한 편이죠.

그래서 저는 DM을 통해 화장품 광고를 해 보기로 했어요. 저는 우편 DM을 5만 통 정도 보내면 상당한 성과를 올릴 수 있을 만큼 소비자들의 반응을 얻을 수 있다고 보았죠. 저는 0.5퍼센트 정도의 반응만 얻어도 만족했을 거예요.

저는 5만 통의 우편 DM을 보내기 위해 가진 돈을 모두 투자했어요. 친구한테서도 좀 빌렸고요. 하지만 그 결과는 믿을 수 없을 정도로 참담했어요. 본전의 10분의 1밖에 건지지 못했거든요. 제가 쓴 광고를 한 번 봐주시고 뭐가 잘못됐는지 알려주세요. 그리고 이 일을 도와주시면 정말 크게 보답할게요."

나는 이 여성이 도움을 받기 위해 날 유혹하는 건 아닐까 하는 의심이 들었다. 이 모든 게 함정이고 거기 걸려들면 양심의 가책을 느끼게 만들어 계속해서 DM 광고를 만드는 데 도움을 받으려는 건 아닐까? 나는 아이가 둘이고 행복한 결혼생활을 하고 있으며 사업을 하느라 매우 바쁘게 살고 있었다. 그래서 솔직히 말하자면 누군가가 광고 카피를 쓰거나 통신판매를 하는 데 도움을 받고자 양심의 가책이나 섹스를 미끼로 나를 유혹하는 것을 용납할 수 없었다. 나는 그런 생각을 품고 약간 주저하는 태도로 이렇게 말했다.

"내용을 한 번 봅시다."

진저는 바닥에 놓인 자신을 백에 손을 뻗었고, 그때 다리가 좀 더 노출되었다. 그 순간 나는 그녀가 나를 유혹하기 위해 방문했음을 감지했다. 의심의 여지가 없었다. 나를 유혹해서 자신의 광고 카피를 직접 써달라고 할 속셈을 가지고 있음이 분명했다. 하지만 그녀가 어느 정도까지 적극적으로 나올지는 알 수 없었다. 그건 두고 보면 알 일이었다.

그녀는 광고지를 꺼내어 내게 건넸다. 나는 몇 분 동안 카피를 읽어보고 패키지 전체를 검토해 보았다. 그리고 DM의 수취인 명단은 어떤 집단을 대상으로 선정했는지를 물었다.

"저희 화장품 가게를 이용하는 인근 지역 전체 주민을 대상으로 했어요."

광고를 검토해 본 결과 많은 문제점이 발견되었다. 그녀는 통신판매 방식을 이용하고 있었지만, 그녀의 DM 수취인 명단은 주로 통신판매를 이용하는 구매자들로 구성되어 있지 않았다. 그들은 단지 소매 고객들이었다. 그녀의 DM 마케팅이 실패한 이유는 명백했다. 광고 문구는 조잡했고 제품 설명은 정말 끔찍하게 여겨질 정도였다. 언뜻 그럴듯하게 보이는 면도 있었지만, 성공적인 DM을 작성하는 데 지켜야 할 많은 원칙들이 무시되고 있었다. 나는 홍보 방식이 대단히 잘못되어 있기 때문에 결과가 좋지 않았던 것도 당연하다고 그녀에게 말했다.

DM을 아무리 많이 보내더라도 광고 문구가 엉망이어서 끝까지 읽을 수 없다면 별 효과가 없다. 물론, 앞서 지적한 대로 잘못된 수취인 명단도 문제였다.

진저에게 광고와 수취인 대상의 문제점을 설명한 후, 나는 광고에 대해 매우 중요한 사항 하나를 말해 주었다.

"테스트도 한 번 해 보지 않고 그렇게 많은 비용을 들이는 건 무모한 짓이었어요. 이것도 하나의 문제점으로 지적될 수 있어요. 처음부터 DM을 너무 많이 발송했어요. 5만이 아니라 한 5,000명 정도가 적당했을 겁니다. 그러면 그렇게 많은 돈을 들이지 않고도 성공 가능성을 예상할 수 있지요."

내가 말을 마치자 잠시 침묵이 흘렀다. 그녀는 나의 눈을 응시하더니 이렇게 말했다.

"그럼 저를 좀 도와주세요. 수취인 명단을 뽑아주시고 우편물 광고를 직접 써주시면 안 될까요? 제 개인교사가 되어 주세요."

나는 섹스와 양심의 가책을 이용하려는 진저의 의도를 간파하고 이렇게 대답했다.

"진저 씨, 저는 정말 시간이 없습니다. 게다가 위스콘신 주에서 정기적으로 세미나를 진행하며 수강생들을 가르치고 있어요. 개인적으로 진저 씨를 지도할 만한 시간이 없습니다."

그러자 진저가 내게 무슨 말을 속삭여서 깜짝 놀랐다. 사실 나는 지금까지 살아오면서 그때만큼 말문이 막힐 정도로 당황했던 적이 없었다. 그러고 보니 호기심 방아쇠를 설명하면서 내가 옆길로 너무 많이 샌 것 같다. 이 책이 다루고 있는 주제는 심리적 방아쇠이지, 성공적인 마케터와 자신의 꿈을 이루기 위해 그에게 접근한 미모의 여성 사이의 은밀한 거래는 아니다. 당신은 이 이야기의 결말을 듣고 싶어서 속으로 이렇게 생각할지도 모르겠다.

"아니, 그래서 그 여성과 어떻게 됐다는 거야?"

물론 나는 결말을 밝힐 것이다. 하지만 여기서는 밝히지 않겠다. 나는 독자들이 마케팅에 관한 나의 생각과 심리적 방아쇠를 이용해 세일즈의 성공 방법에 관한 나의 이론을 끝까지 경청해 주기를 바란다. 그래서 나는 253페이지에서 이 에피소드의 결말을 설명해 놓았다. 나의 사무실에서 실제로 있었던 이 에피소드는 그야말로 뜨거운 소설의 한 장면 같았다.

당신이 호기심의 개념을 이해하고 그것을 세일즈와 연관시켜 판매에서 활용하는 방법을 찾아낸다면, 마케팅의 효율성을 높이는 또 하나의 강력한 무기를 갖춘 셈이다.

세일즈에 종사하는 사람들은 종종 너무 많은 것을 드러내어 고객이 호기심을 가질 만한 여지를 남겨놓지 않는다. 그러나 호기심의 씨앗은 적당히 뿌려놓고 마지막에 그 결말을 보여주면, 고객을 움직여 판매를 달성하기는 한결 수월해질 것임에 틀림없다.

세일즈의 방아쇠 27 **호기심**

고객이 광고에서 눈길을 돌리지 못하게 하려면 제품 설명의 초반에 이 기법을 사용할 수 있다. 세일즈 프리젠테이션을 마칠 때까지 고객이 한눈을 팔지 않고 주의를 집중할 수 있도록 호기심을 이용하라.

◉ 실천 지침

- 고객이 끝까지 주시하도록 초반에 큰 기대를 가질 만한 것으로 호기심을 자극하라.
- 중요한 결과는 나중에 알려주겠다며 고객의 관심을 지속적으로 유도하라.

스플리쉬 스플래쉬, 난 목욕을 한다네

나는 세미나에서 1950년대에 인기를 끌었던 가수 고(故) 보비 대린Bobby Darin의 성공담에서 얻은 교훈을 참가자들에게 들려주곤 한다. 보디 대린이 유명한 스타가 되기까지 겪은 인생 역정에는 배워야 할 점이 적지 않기 때문이다.

스타가 되기 전, 뉴욕의 젊은 가수였던 대린은 음악으로 성공하기 위해 오랫동안 노력했지만 번번히 고배를 마셔야만 했다. 무명 가수 시절, 그는 주로 올드 팝송을 불렀는데 레코드 회사를 돌아다니며 앨범을 제작해 달라고 요청했지만 늘 거절당했다.

우선, 음악 관계자들은 젊은 무명 가수가 부른 올드 팝송이 대중들의 관심을 끌지 못할 것이라고 생각했다. 당시 가장 유행하던 음악은 흑인 가수들이 부르는 편안한 로큰롤 음악이었는데, 흔히 '모타운 사운드Motown Sound'라고 알려진 스타일이었다.

좌절감에 빠진 대린은 이윽고 한 가지 결심을 했다. 그 결심은 무엇이었을까? 자신이 직접 앨범을 제작하겠다는 생각이라도 한 것일까? 아니다. 또 다시 레코드 회사를 찾아가 앨범 제작을 요청했을까? 맞다. 하지만 이번에는 자신이 좋아하는 스타일의 노래를 들고 가지는 않았다. 그는 당시 대중의 취향에 맞고 잘 팔리는 스타일의 노래를 직접 작곡했던 것이다.

그가 작곡한 노래의 제목은 '스플리쉬 스플래쉬Splish Splash'이고, 첫 소절은 이렇게 시작된다. '스플리쉬 스플래쉬, 난 목욕을 한다네/토요일 밤이면······.' 이 노래는 목욕을 하는 동안 발생한 이야기를 담은 모타운 로큰롤 스타일이었다. 대린은 이 곡을 한 레코드 회사에 팔았고 직접 노래를 불러 취입했다. 그리고 '스플리쉬 스플래쉬' 앨범은 수백만 장이 팔리면서 엄청나게 히트를 쳤다. 레코드를 통해 들리는 그의 목소리는 모타운 음악을 하는 전형적인 흑인 음악가로 여겨질 정도였다.

대린은 당시의 유행을 이해하고 그 유행에 완전히 부합되는 것을 만들어냈다. 비록 새로운 창작품이 대린이 원래 하고 싶었던 음악과는 동떨어진 것이었지만 말이다. 그는 자신의 욕망이나 자아, 목표 등을 잠시 접어두고 현실적인 선택을 한 것이다. 자신이 진정으로 원하는 음악을 하기 위해 우선 잘 팔리고 이름을 알릴 수 있는 음악에 손을 댔다.

하지만 그 앨범이 밀리언셀러로 히트를 쳤음에도 불구하고 대린은 여전히 자신이 원하는 올드 팝송을 녹음해 줄 레코드 회사를 찾을 수 없었다. 그래서 그는 '스플리쉬 스플래쉬'로 번 돈을 투자해 앨범을 직접 제작했다. 그 앨범에 수록된 히트곡 중의 하나가 '맥 더 나이프Mack the Knife'라는 노래였다. 그 싱글 앨범은 엄청나게 히트했는데 전 세계적으로 수백만 장이 팔렸다. 결국 보비 대린은 '스플리쉬 스플래쉬'를 발판삼아 그가 가장 좋아하는 올드 재즈 스타일로 유명해지게 되었다.

보비 대린의 경험에서 우리는 몇 가지 교훈을 얻을 수 있다.

첫째, 궁극적인 목표를 달성하기 위해서는 우선 기존의 방식을 따라야 한다는 점이다. 시장에서 통하는 방식을 따르고 시장과 조화를 이루어야 한다. 일단 부와 명성을 쌓으면 대중적이지는 않지만 자신이 진정으로 원하는 것을 조금 수월하게 시도할 수 있기 때문이다. 우선 어느 정도의 자금을 확보할 때까지 시장의 요구를 따르고 그후에 자신의 꿈을 추구해도 늦지 않다. 일단 당신이 필요로 하는 여유 자금을 갖게 되면 원하는 무엇이든 할 수 있다. 아무도 가능하다고 믿지 않지만 자신이 하고 싶은 일을 추진해 볼 수 있다는 말이다.

나는 주류와 동떨어진 개념이나 발상을 가지고 나를 찾아온 사람들에게 시장의 추세를 따를 것을 설득할 때, 보비 대린의 예를 들곤 한다. 어떤 경우에는 제품에 약간의 변화를 줄 필요도 있다. 물론 그 변화는 제조자가 원래 생각했던 바와 다를 수도 있다. 그것은 어떤 요소를 제거하는 것이 될 수도 있고 가격을 낮추는 것이 될 수도 있으며 제품을 아주 새롭고 단순한 방식으로 소개하는 것이 될 수도 있다. 나는 여기에 딱 어울리는 사례를 경험한 적이 있다.

APF라는 계산기 제조회사에서 내게 신제품을 판매해 달라고 요청한 적이 있었다. 그들은 새롭게 발명한 계산기가 워낙 획기적이어서 전자제품 시장에 내놓기만 하면 일대 파란을 일으킬 것이라며 흥분해 있었다.

그들은 제품의 성공에 대해 확신에 차 있었기 때문에 나의 실험용 광고비도 전부 지불하겠다고 제의했다.

"조, 이 제품은 정말 인기가 폭발할 거고 아마 당신은 수백만 대는 팔 거예요."

회사 사장은 내게 이렇게 말했다.

당시 문자판이 커다란 데스크용 계산기는 보통 69달러 95센트에 팔리고 있었다. 그리고 당시에는 일반적으로 물가가 높았기 때문에 그 정도의 가격은 꽤 경쟁력이 있는 편이었다. APF도 지금까지 자사의 계산기를 69달러 95센트에 팔아왔다. 하지만 그들은 새로운 계산기가 전자제품 업계의 혁명을 일으킬 것이고, 내가 그야말로 대박을 터뜨려줄 것으로 기대했다.

"혁신적인 게 뭐죠?"

그 제품을 들고 나를 찾아온 사장에게 나는 이렇게 물었다. 그는 갓 태어난 아이를 다루듯이 조심스레 박스의 포장을 뜯고는 내게 계산기를 꺼내어 보여주었다.

새로 발명했다는 계산기는 그 회사가 작년에 팔아온 것과 똑같이 생겼었다. 하지만 새로운 기능이 하나 추가되었는데 계산기가 사용되지 않을 때는 문자판에 시계가 작동했다.

"어떻습니까?"

그는 환하게 웃으며 말했다.

"우린 이 제품을 99달러 95센트에 팔려고 합니다."

나는 그의 계획을 받아들일 수 없었다. 소비자들은 계산기를 필요할 때 켜고 필요 없을 때 꺼두는 중요한 비즈니스용 도구로 인식한다. 나는 계산기를 거의 2년 동안 팔아왔기 때문에 계산기라는 제품의 특성이나 감성적 매력에 대해 잘 알고 있었다. 계산기를 항상 켜두고 문자판에 시계를 작동시킨다는 개념은 소비자의 인식과는 부합되지 않았다. 그러므로 그 제품은 애초부터 성공을 거두기가 쉽지 않았다. 가격을 올리는 것도 옳지 않았다. 내가 가격에 대해 선택권을 갖는다면 생산된 제품을 모두 처분하기 위해 39달러 95센트나 그 이하로 책정할 것이다. 나는 그 제품이 소비자들에게 어필하지 못할 거라고 보았다.

사장은 믿기지 않는다는 표정을 지으며 반발했다.

"뭐라고요? 이 계산기는 일반 모델보다 훨씬 제조비가 많이 들었어요. 그리고 혁신적인 제품인데 왜 그렇게 낮은 가격에 판매해야 합니까?"

나는 내 생각을 입증하기 위해 일단 광고를 만들어주기로 동의했다.

"우선 만족하실 만큼 광고를 잘 만들어보겠습니다. 그리고 〈월스트리트 저널〉에 싣고 반응을 한 번 보지요. 만일 그 광고가 성공하면 그때 본격적인 마케팅을 시작하겠습니다."

그들은 내 광고에 만족했고 사장은 이렇게 단언했다.

"만일 이게 실패하면, 나는 계산기 사업에서 완전히 손을 뗄 겁니다."

내 예상대로 광고는 대실패였다. 그리고 1년 후, 그 제품은 39달러 95센트의 헐값으로 전부 처분되고 말았다.

당신이 시장과 조화를 이루지 못할 때, 시장은 반응을 보이지 않는다. 제품이 고객과 조화를 이루는지 구별해 내는 데는 특별한 천재성이 필요하지 않다. 그저 잘 보고 잘 듣는 능력만 가지고 있으면 된다. 좋은 눈과 귀만 있으면 충분하고 거기에다 약간의 직관력만 갖춘다면 금상첨화다.

마케터는 시장을 이해하고 시장과 융화되려는 노력의 중요성을 인식해야 한다. 고객이 제품이나 서비스에서 원하는 것이 무엇인지 찾아낸 후, 그런 제품이나 서비스를 시장에 내놓아야 한다. 이는 아주 단순한 원칙이다. 하지만 대부분의 사람들은 고객의 요구를 충족시키려고 노력하기보다는 오로지 판매 활동에만 관심을 집중한다. 그러므로 당신의 제품이나 서비스가 고객이나 시장의 요구를 충족시키기 어렵다면 당신은 먼저 그것을 수정할 준비를 해야 한다.

제품이 고객의 요구를 충족시키고 시장과 조화를 이루는 것은 대단히 중요하다. 제품에 그런 측면이 부족하다면 변화시킬 대안을 찾는 일은 오직 당신이 담당해야 할 몫이다. 이를 테면, 색깔에 변화를 줄 수도 있고 액세서리를 제거하거나 추가할 수도 있다. 여기에 바탕이 되는 기본 명제는 바로 고객이 최우선이라는 점이다. 시장뿐만 아니라 당신은 고객과 조화를 이루는 것을 목표로 삼아야 한다. 그렇게 할 수 없다면, 당신은 집에 들어 앉아 목욕이나 즐겨야 할 것이다.

세일즈의 방아쇠 28 조화

고객의 요구와 조화를 이루는 것은 매우 중요하다. 고객에게 필요하지 않은 사안은 제시할 가치가 없다. 고객이 당신의 믿음직하고 정확한 진술에 고개를 끄덕이며 동의하도록 만들 수 있어야 한다.

◉ **실천 지침**
- 당신의 메시지 하나하나가 고객이 동의하고 수긍할 수 있는 것인지 면밀히 검토하라.
- 고객이 부정적으로 여길 만한 제안은 삭제하거나 수정하라.

쾌락 호르몬의 분비

　혹시 극장에서 영화 관람을 하는데 불과 몇 분 만에 결론을 쉽게 짐작할 수 있었던 적이 있는가? 아니면 새로운 장면마다 다음 장면이 뻔히 예상되는 영화를 본 적이 있는가? 아마 그런 영화를 재미있다고 느끼는 사람은 거의 없을 것이다. 반대로 시종일관 긴장감을 주다가 마지막에 놀랍고도 그럴듯한 결론에 도달하는 영화는 돈이 아깝지 않게 느껴진다. 전혀 예측하지 못한 반전이 있는 영화는 더욱 흥미진진하다.
　도대체 우리 마음속의 어떤 힘이 작용해 어떤 영화를 다른 영화보다 더 재미있다고 느끼게 하는 것일까?

나는 이 질문의 대답이 될 만한 나름대로의 이론을 굳게 믿고 있다. 즉 "어떤 결론에 도달하기 위해 마음이 활발히 움직이면 움직일수록, 그 경험은 더욱 긍정적이고 재미있고 자극적으로 느껴진다"는 사실이다.

나는 세미나에서 오랫동안 이 개념을 가르쳐왔는데, 어느 날 한 참가자가 내가 가르치고 있는 내용을 입증해 주는 신문 기사를 가져다 주었다. 그 기사는 마케팅이 실패하는 이유를 뇌 전체에 만족감을 주지 못하기 때문이라고 밝히고 있었다.

이후 계속된 글에서 필자는 뇌의 여러 영역이 각기 다른 기능을 수행하고 있다는 사실이 연구를 통해 규명되고 있다고 지적했다. 또 일부 뇌 연구자들에 따르면 뇌의 여러 영역들이 한꺼번에 쾌락 차원의 자극과 활동에 개입할 때 인간은 가장 큰 즐거움을 느낀다고 한다.

여기서 논의하고 있는 뇌의 네 영역은 각각 사고, 직관, 감각, 감정을 지배한다. 이 기사가 소개하는 이론의 요지는 사고, 감각, 감정 그리고 타고난 직관을 모두 작용시키는 광고가 가장 성공을 거두는 경향이 있다는 것이다. 우리의 감각만을 자극하는 광고는 일시적인 매력을 줄 뿐이다. 오늘날 대부분의 광고 실험은 단지 소비자들의 기억력을 보여줄 뿐, 뇌 전체의 작용에 따른 반응을 예측하지는 못하고 있다.

그렇다면 뇌 전체를 활성화시키는 광고를 만드는 방법에 대해 알아보자. 광고에서 모든 사항을 낱낱이 밝히면 독자는 자신이 무시를 당하고 있다고 느끼거나 흥미를 잃게 된다. 대신, 어느 정도의 긴장감만 제시하면 독자는 자신의 직관, 사고, 감각, 감정을 이용하여 나름대로의 결론을 도출하기 위해 노력한다. 그럴 때 광고의 힘은 독자의 마음속에서 역동적으로 발휘된다. 이런 점을 염두에 두고 작성한 광고의 일부를 살펴보자.

이 광고 제품은 크로노그래프 디지털 알람시계인데, 당시 이런 타입의 시계로는 세이코가 표준 모델이었다. 세이코는 신기술로 개발한 이 시계를 처음 시장에 내놓았다.

세이코 크로노그래프 알람시계는 300달러에 팔리고 있습니다. 보석상들은 이 시계를 150달러에 들여놓습니다. 보석상들 사이에서 이 시계는 인기가 좋은데 그 이유는 세이코라는 브랜드명 때문이기도 하지만, 미국에서 가장 잘 팔리는 고급 디지털시계이기 때문입니다. 그렇지만 세이코는 거래상들이 원하는 만큼 물건을 공급하지 못하고 있습니다.

이 광고에서 직접 언급되지는 않았지만, 분명한 사실 하나가 암시되어 있다. 광고를 다시 한 번 읽어보면 그것이 무엇인지 알 수 있을 것이다. 내가 노골적으로 밝히지 않은 것은 보석상들이 시계

하나를 팔 때마다 상당한 수익을 얻는다는 사실이다. 나는 그것을 굳이 언급할 필요가 없다. 하지만 이 광고를 읽는 독자들은 자신의 직관, 사고, 감정을 이용해 그런 결론에 도달할 수 있다. 만일 내가 "따라서 보석상들은 상당한 수익을 얻고 있습니다"라고 속 속들이 밝힌다면 광고의 효력은 그만큼 떨어질 것이다. 소비자들의 마음이 스스로 움직여 결론을 이끌어내도록 해야 한다.

이것은 아주 미묘하면서도 강력한 개념이다. 또 고객을 내려다보고 이야기하는 방식과 고객의 눈높이에 맞춰 이야기하는 방식의 차이이기도 하다. 사실 이는 이해하기 쉽지 않은 이론이다.

이 이론을 좀 더 확실히 이해하고자 한다면, 당신이 살아오면서 무언가를 성취하기 위해 열심히 일했던 시절을 떠올려보고 목표를 성취했을 때 느꼈던 보람을 다시 한 번 음미해 보라. 나의 경우는 자가 비행사 자격증을 딴 후, 계기 비행사 자격증을 따기 위해 다시 상당한 노력을 기울였던 때가 생각난다. 당시 나는 여러 달 동안 수천 달러의 비용을 들여가며 비행 연습과 공부에 집중했다. 그래서 마침내 계기 비행사 자격증을 손에 쥐었을 때, 내 인생에서 몇 번 경험하지 못한 큰 기쁨을 느꼈다.

반면에 사업용 비행사 자격증을 딸 때는 비교적 수월했다. 공부나 비행 연습에 많은 시간을 들이지 않아도 되었다. 불과 수주일 만에 그 자격증을 딸 수 있었다. 물론 사업용 비행사가 되었을 때도 자랑스럽긴 했지만, 계기 비행사가 되었을 때만큼은 아니었다. 성공적인 결과가 열심히 노력해서 얻은 것일수록 만족감은 더욱 큰 것이다.

마음과 사고의 과정에서도 동일한 원리가 작용한다. 어떤 결론에 도달하기 위해 심적인 노력을 많이 한 것은 뇌에 긍정적이고 즐겁고 자극적인 효과를 준다. 하지만 결과가 너무 쉽고 뻔해서 마음을 쓸 필요가 없는 것은 만족감이나 보람의 정도가 훨씬 덜하다.

당신은 초반에 쉽게 판매를 성사시킨 경우보다는 까다로운 고객을 상대로 힘들게 판매를 성사시킨 경우에 더 크게 만족할 것이다. 그리고 판매가 쉽지 않은 제품을 판매했을 때 더 큰 기쁨을 느낄 것이다. 이에 비해 이미 수요가 넘쳐나는 제품은 판매에 성공을 거두더라도 만족감이 그리 크지 않다.

헤밍웨이는 자신의 소설에서 아름다운 여성을 언제나 구체적으로 묘사하지 않았다. 항상 통상적인 표현을 사용함으로써 독자들이 여성에 대해 자유롭게 상상할 수 있는 여지를 남겨두었다.

세일즈에서도 마찬가지다. 고객에게 지나치게 상세히 설명하면 고객은 무시당한다고 생각하거나 지루하게 느끼기 시작한다. 고객이 스스로 생각해서 결론을 이끌어내도록 그의 정신만을 자극해야 한다.

나는 우리의 마음이 어느 정도 긴장할 때마다 뇌가 만족감을 주는 호르몬을 분비시킨다고 믿는다. 그리고 바로 이런 작용은 고객이 당신의 제품이나 서비스를 구입하기 위해 굳게 잠겨 있는 지갑을 여는 계기가 될 수 있다고 본다.

마케팅에서 이런 원리는 어떻게 적용될까? 매우 간단하다. 우리는 종종 말을 너무 많이 한다. 고객의 마음이나 생각이 개입할 여지를 남겨두지 않고 제품을 선전하면서 모든 내용을 속속들이 털어놓는다. 이 강력한 심리적 방아쇠의 원리를 깨닫는다면 당신은 고객의 뇌가 즐겁고 자극적인 경험을 할 수 있는 훌륭한 프리젠테이션을 기획할 수 있을 것이다. 고객 스스로가 당신이 미리 준비해 놓은 결론을 찾아낼 수 있도록 각본을 짜야 한다.

어떤 목적지에 성공적으로 도달하기 위한 정신활동이 많을수록 그 경험은 더욱 긍정적이고 만족스럽고 자극적이다. 이는 쾌락 호르몬을 생성시키는 과정이기도 하다.

세일즈의 방아쇠 29 생각하게 만들기

수저로 음식을 떠먹여 주는 듯한 과도한 설명을 피하고 생각할 여지를 주면, 고객은 스스로 참여하는 느낌을 갖게 되어 당신의 메시지에 호감을 갖게 된다.

○ **실천 지침**
- 고객을 무시하는 듯한 노골적인 설명을 피하라.
- 뇌의 네 영역인 사고, 직관, 감각, 감정을 모두 자극함으로써 판매 과정에 고객의 정신을 개입시켜라.

판매의 가장 강력한 힘

마케팅과 세일즈에서 가장 강력한 단 하나의 힘, 즉 가장 중요한 심리적 방아쇠가 무엇이냐고 묻는다면 나는 '정직'을 꼽을 것이다. 판매는 정직한 작업이어야 한다. 하지만 이것은 당신이 세일즈를 할 때, 정직하지 못하면 결코 성공적인 결과를 얻지 못할 것이라는 의미는 아니다. 몇 차례는 부정직한 술책이 통할 수도 있다. 하지만 결국에는 그것 때문에 발목이 잡힌다.

나의 논의는 과연 얼마나 오랫동안 부정직한 술책을 써먹을 수 있느냐 하는 것이 아니다. 나는 정직을 심리적 방아쇠, 즉 하나의 세일즈 기법으로 이용하는 방법을 제시해 보려고 한다. 이 방아쇠에는 매우 중요한 전제가 필요하다.

소비자는 매우 영리하다. 당신이 생각하는 것보다 훨씬 영리하며, 소비자보다 더 영리한 마케터는 세상에 없다. 마케팅 분야에서 오랫동안 경험을 쌓아왔고, 지난 35년 간 제품에 관해 방대한 지식을 축적해 온 나의 주장은 거의 틀림이 없을 것이다. 소비자는 참으로 영리하다.

소비자들은 내가 전달하는 말이 신뢰할 만한 것인지 어떤지도 정확히 판별해 낸다. 세일즈를 할 때 근거 있는 확실한 믿음을 줄수록 고객은 그 메시지를 쉽게 받아들이는 경향을 보인다.

당신의 선전에 거짓말을 넣으면 당신은 자신을 속이는 셈이다. 당신의 광고에는 당신이 전달하고 싶은 내용이 실려 있지만, 동시에 당신이 숨기고자 하는 내용도 들어 있다. 고객들은 당신의 주장을 대충 듣거나 읽어보더라도 그 진위 여부를 금세 간파해 낼 수 있다.

JS&A를 광고할 때, 나는 제품의 여러 부정적인 특징을 포함시켰다. 나는 제품의 결함을 우선적으로 언급했다. 물론 그 결함이 실제로는 큰 문제가 아니라는 이유와 소비자가 그 제품을 사야 하는 이유를 곁들여 설명했다. 이런 방식에 깊은 인상을 받은 소비자들은 나의 메시지를 신뢰했고 더욱 적극적인 구매 의사를 표시하곤 했다.

광고가 솔직하고 믿음직할수록 소비자는 더욱 긍정적인 반응을 보여주는 것 같다. 신뢰는 내가 마케팅 경험을 통해 얻은 가장 중요한 교훈들 중의 하나다.

고객은 진실을 높게 평가한다. 그리고 당신은 진실을 왜곡시킬 수 없다. 만일 고객이 당신의 설명에서 거짓을 포착해 내거나 감지한다면, 당신의 신뢰는 한순간에 무너지고 만다.

나는 텔레비전이나 신문 광고를 통해 제품을 판매하면서 고객에게 언제나 믿음을 주어야 한다는 점을 배웠다. 내가 신뢰할 만한 인물로 비쳐질수록 보다 많은 고객이 나의 메시지에 적극적인 반응을 보였다.

대면판매에서도 당신의 모든 말과 행동은 정직해야 한다. 악의 없는 거짓말도 해서는 안 되며 은폐나 눈속임 따위는 절대로 사용해서는 안 된다. 또 과장하지 않도록 유의해야 한다. 제품을 판매할 때, 한 점 거리낌 없는 정직성이 이 책에서 소개한 그 어떤 방아쇠보다도 성공적인 결과를 보장해 줄 것이다.

물론 정직을 고집하다가 도덕적인 딜레마에 빠지게 될지도 모른다. 예를 들어, 정직하지 못하고 기만적인 술수에 능한 상사 밑에서 일하고 있다면 선택을 해야만 한다. 직장을 그만두거나 아니면 다른 사람들을 속이는 악순환에 당신도 발을 담그는 것이다. 하지만 결국 이것은 당신도 속는 결과로 이어진다.

반면, 당신이 정직한 회사에서 일한다면 탄탄한 성공의 기초가 마련되어 있는 셈이다. 항상 정직한 태도로 고객을 상대하고 당신의 생각과 말과 행동에서 일관성을 보여준다면 당신의 성공을 가로막을 자는 아무도 없다.

> **세일즈의 방아쇠 30** **정직**
>
> 정직은 모든 심리적 방아쇠들 중 가장 강력한 방아쇠이다. 당신이 거짓으로 진실을 은폐한다면 고객은 그것을 감지하고 당신의 제의를 묵살해버릴 것이다. 당신의 말 한마디 한마디가 진실해야 하며 고객의 눈에 진실한 인물로 비쳐져야 한다. 그것이 고객의 마음을 사로잡는 가장 확실한 방법이다.
>
> ● **실천 지침**
> - 당신의 메시지에서 숨기거나 과장된 부분이 없는지 검토하라.
> - 고객이 신뢰를 느끼고 긍정적으로 생각하도록 진실하게 당신의 제품을 세일즈하라.

/ 에필로그

이제 당신은 모든 도구를 가졌다

　당신은 이제 수십 년 동안 내가 세일즈와 마케팅 경험을 통해 발견한 30가지의 중요한 심리적 방아쇠와 그것들이 판매에서 어떻게 적용되는지 배웠을 것이다. 내가 소개한 30가지의 방아쇠는 매우 강력한 효과가 있다. 나는 방아쇠 하나하나마다 그 효과를 직접 체험하고 입증해 왔다.
　마침내 당신은 지금까지 쌓아온 경험을 뛰어넘어 판매를 획기적으로 증진시킬 수 있는 능력을 갖추게 되었다. 내가 제시한 30가지 방아쇠들은 당신이 사업을 성장시키고 부를 축적하는 데 필요한 엄청난 화력이 될 수 있을 것이다. 하지만 이 정보들은 어디까지나 적극적으로 수용하고 활용할 때에만 가치가 있다.

이 방아쇠들 중 특히 어떤 것은 당신에게 대단히 중요할 것이다. 당신의 세일즈 활동에 가장 중요하게 생각되고 집중할 필요가 있는 10가지 방아쇠를 선정해 보라. 그리고 당신의 제품이나 서비스를 판매하면서 그 10가지 방아쇠를 능숙하게 이용할 수 있는 전문가가 되라.

또 모든 방아쇠들을 가장 중요한 순서대로 1등급에서 5등급까지 순위를 매길 수도 있다. 그런 다음 우선 1등급에 해당하는 방아쇠들에 집중하여 완전히 숙달하고 나서, 2등급에서 5등급까지 차례대로 정복해 나갈 수 있다. 이 책을 늘 곁에 두고 마케팅과 세일즈의 지침서로 활용하기 바란다.

내가 〈방아쇠 법칙〉을 쓰면서 즐거움을 누렸듯이 독자들도 이 책을 읽고 즐거움을 느끼는 게 나의 가장 큰 바람이다.

27장 에피소드의 결말

당신은 27장에 소개된 에피소드의 결말이 궁금할 것이다. 그 장에서 나는 결말을 뒤에서 밝히겠다고 했기 때문에 당신은 책장을 건너 뛰어 이 부분을 뒤적거렸을지도 모른다. 자, 그렇다면 당신도 '호기심 방아쇠'에 걸려든 셈이다. 호기심 방아쇠는 제품 설명이 대단히 흥미진진해서 고객이 정상적인 경우에는 시도하지 않는 행동을 유발시키는 마케팅 기법이다. 독자들 중에서는 혹시 내가 실제로 일어나지 않은 일을 가지고 비열한 속임수를 쓰고 있다고 생각할지도 모르겠다. 하지만 절대로 그렇지 않다. 그 사건은 실제로 내게 일어났고 나는 비열한 속임수를 쓰고 있지 않다. 하지만 사람들이 당신의 제품을 구입하기 위해 호주머니에 손을 넣어 소중한 돈을 내미는 것은 엄밀히 말해 자연스러운 행동이 아니다. 그런 행동이 유발되려면 강력한 동기, 마음을 사로잡는 동기가 필요하다. 따라서 당신의 프리젠테이션은 거의 최면효과를 일으킬 정도의 강한 매력이 있어야 한다. 사람들이 호기심이 충족되기를 고대하면서 당신의 말 한마디 한마디에 완전히 몰입되어야 한다.

이제 나의 의도를 충분히 설명했으므로 그 에피소드의 결말을 밝힐 때가 된 것 같다. 물론 이 책을 집중해서 읽고 있던 독자라면 내 사무실에서 일어난 그 극적인 순간에 진저가 과연 내게 무슨 말을 했는지 궁금증을 참지 못하고 27장에서 세 장을 건너뛰어(정상적인 경우라면 하지 않을 행동) 이 부분을 읽을 것이다.

"조, 저는 다만 당신이 저를 도와주길 바랄 뿐이에요. 당신이 제 개인교사 역할을 해 주시길 바랍니다. 마케팅의 정글에서 제 안내자가 되어주셨으면 합니다. 제가 당신의 도움을 받으려면 무엇을 해야 할지 잘 모르겠지만요. 저는 대부분의 남자들이 원하는 게 뭔지는 알고 있답니다. 저는 늘 남자들의 유혹을 받았어요. 하지만 제가 공개적으로 남자에게 이렇게 프로포즈를 해 보는 것은 처음이에요. 조, 그러니까 제 말은……"

"잠깐만요."

나는 그녀의 말을 제지하려고 한 손을 쳐들고는 해야 할 말을 속으로 부지런히 찾고 있었다.

"사람을 잘못 보셨군요. 그런 얘기는 그만 하시고요. 저는 말씀하시는 것을 받아들일 수 없습니다. 그 일을 해 드릴 수 없어요. 저는 정말 너무 바쁘기 때문에 외부일은 할 수 없습니다. 하지만 제 세미나에 참석해 보세요. 진저 씨가 100만 달러를 번 후에 갚는 조건으로 무료로 참석할 수 있도록 해 드릴게요."

진저는 당황한 기색으로 황망히 내 사무실을 떠났다. 그리고 그 후로 다시는 연락이 없었다. 그녀는 자신의 늘씬한 몸매로 날 유혹하면 내가 세일즈를 도와줄 거라고 생각했던 것 같다. 그렇다면 그녀는 정말 끝까지 갈 속셈이었을까? 그건 나도 잘 모르겠다.

그날 저녁 집으로 돌아오자 나의 아내는 하루 동안의 안부를 물었다. 난 이렇게 대답했다.

"아이고, 어떤 멋진 금발 여성이 찾아와서 광고 카피를 써주면 몸을 받치겠다고 유혹하더군."

사실 나는 이 책의 앞부분에서도 호기심의 힘을 이용했다. 3장 '캠퍼스 우정과 매춘부'에서 나는 파티에 참석한 여성들 중 한 명이 매춘부였고, 책의 후반부에서 그 여성에 관한 얘기를 다시 거론하겠다고 밝혔다. 하지만 매춘부 얘기는 그것이 전부였다. 그저 매춘부가 함께 일을 도와준 것뿐이었다. 나는 독자들이 흥미로운 얘기를 기대하면서 책을 끝까지 읽게 할 심산으로 이 간단한 기법을 사용한 것이다. 이것은 호기심의 힘을 이용해 본 간단한 방아쇠였다.

당신은 내가 그 매춘부에 관한 얘기를 나중에 들려주겠다고 했을 때 어떤 생각이 들었는가? 혹시 '무슨 일이 있었을까?' 하고 궁금해 하지 않았는가? 그렇게 궁금한 심정으로 나의 다음 책 〈Advertising Secrets of Written Word〉를 기대하기 바란다.